LUIZA BAIRROS

Pensamento e compromisso político

LUIZA BAIRROS

Pensamento e compromisso político

Vanda Sá Barreto

Coleção Cultura Negra e Identidades

autêntica

Copyright © 2021 Vanda Sá Barreto

Todos os direitos reservados pela Autêntica Editora Ltda. Nenhuma parte desta publicação poderá ser reproduzida, seja por meios mecânicos, eletrônicos, seja via cópia xerográfica, sem a autorização prévia da Editora.

Todos os esforços foram feitos no sentido de encontrar os detentores dos direitos autorais das obras que constam deste livro. Pedimos desculpas por eventuais omissões involuntárias e nos comprometemos a inserir os devidos créditos e corrigir possíveis falhas em edições subsequentes.

COORDENADORA DA COLEÇÃO
Nilma Lino Gomes

CONSELHO EDITORIAL
Marta Araújo (Universidade de Coimbra);
Petronilha Beatriz Gonçalves e Silva (UFSCAR);
Renato Emerson dos Santos (UERJ);
Maria Nazareth Soares Fonseca (PUC Minas);
Kabengele Munanga (USP)

EDITORAS RESPONSÁVEIS
Rejane Dias
Cecília Martins

REVISÃO
Maria Nazaré Mota de Lima
Felipe Magalhães

CAPA
Alberto Bittencourt
(foto da capa: João Milet Meirelles. III Fórum Nacional de Performance Negra. Teatro Vila Velha. Salvador. 2015.)

DIAGRAMAÇÃO
Waldênia Alvarenga

Dados Internacionais de Catalogação na Publicação (CIP)
(Câmara Brasileira do Livro, SP, Brasil)

Barreto, Vanda Sá
 Luiza Bairros : pensamento e compromisso político / Vanda Sá Barreto. -- Belo Horizonte : Autêntica, 2021. -- (Cultura Negra e Identidades)

 Bibliografia
 ISBN 978-65-5928-116-9

 1. Arte negra 2. Bairros, Luiza Helena de, 1953-2016 3. Conferência de Durban 4. Diáspora Africana 5. Feminismo negro 6. Juventude negra 7. Movimento negro 8. Mulheres negras - Biografia 9. Mulheres na política - Brasil I. Título II. Série

21-85684 CDD-920.72

Índices para catálogo sistemático:
1. Mulheres negras : Biografia 920.72

Maria Alice Ferreira - Bibliotecária - CRB-8/7964

GRUPO AUTÊNTICA

Belo Horizonte
Rua Carlos Turner, 420
Silveira . 31140-520
Belo Horizonte . MG
Tel.: (55 31) 3465 4500

São Paulo
Av. Paulista, 2.073, Conjunto Nacional
Horsa I . Sala 309 . Cerqueira César .
01311-940 São Paulo . SP
Tel.: (55 11) 3034 4468

www.grupoautentica.com.br
SAC: atendimentoleitor@grupoautentica.com.br

Eu vejo o Racismo como a ideologia em estado puro. É o que informa e o que possibilita desenvolver o preconceito e praticar a discriminação. É o que sustenta. O racismo engloba todas as relações, passa por dentro delas. É uma ideologia baseada na desumanização do outro, no extermínio do outro. O extermínio do outro só é possível porque há grupos que se supõem superiores. Não existe racismo de baixo para cima, pois ele sempre pressupõe a ideia de superioridade. Portanto, o Brasil é um país com um racismo bem desenvolvido. Tão desenvolvido que, durante muito tempo, sua existência pôde ser negada, criando uma espécie de racismo invisível. A ponto de acusarem os que falam a palavra racismo de promotores de sua existência. Ou seja: deixa tudo como está, pois assim estamos todos confortáveis.

Luiza Bairros, em entrevista a Fernando Pompeu

9   Prefácio
    Helena Oliveira

13 Apresentação

17 **À guisa de introdução: de que trata o texto**

21 **Pesquisando as desigualdades raciais no mercado de trabalho**

29 **Enfrentando o racismo, o sexismo e promovendo a igualdade racial**
29   Arte negra
35   Depoimento: Luiza na trilha da Arte Negra
            Hilton Cobra

39   Feminismo negro
40   Depoimento: Conversa com Luiza Bairros sobre o feminismo negro
            Vilma Reis

45   Diáspora africana e democracia
49   Depoimento: Trovão da consciência: um breve relato sobre Luiza Bairros e o Programa Raça e Democracia nas Américas
            Silvio Humberto

55   Marcha Zumbi dos Palmares

57 Conferência de Durban

59 Combate ao racismo institucional
62   Depoimento: Luiza, uma comadre ilustre
        Maria Nazaré Mota de Lima

66 Estatuto da Igualdade Racial
69   Depoimento: Estatuto da Igualdade Racial: guerra de posições
        Luiz Alberto Silva dos Santos

73 Juventude negra
74   Depoimento: A defesa da vida da juventude negra
        e o legado de Luiza Bairros
        Felipe da Silva Freitas

81 **A militante-intelectual/a intelectual-militante**

87 **A analista política**

91 **Os limites da institucionalidade**

93 **O que mais dizer sobre Luiza**

99 **Fechando uma história de vida em espiral**

101 Cronologia: ela e seu contexto

103 Posfácio
    Sueli Carneiro

107 Obras consultadas

119 Créditos

Prefácio

Helena Oliveira

Ao ler os capítulos deste livro somos, imediatamente, mergulhados em um silencioso e profundo rio, cujas águas potentes nos levarão a conhecer campos de conhecimento e de vivências da trajetória profissional, social e pessoal da vida de uma mulher negra brasileira que entrou, por sua potência e força, definitivamente para a história das lutas contra o racismo e para a história das políticas públicas de afirmação das identidades raciais no Brasil. Por estas águas muitos beberam e aprenderam sobre a importância do conhecimento a serviço da luta racial, ou sobre os desafios de ser mulher negra militante, analista e formuladora de políticas públicas. Outros também beberam das águas, porém se afogaram na ignorância, ficando seus corpos à margem do rio.

Luiza Bairros: Pensamento e compromisso político nos conduz narrativamente no curso desse rio. Nos permite conhecer temáticas e afluentes que não foram difundidas a tempo de sua partida para o Orun. Nessa navegação, a autora nos brinda com uma leitura que conecta e concatena os diversos campos de atuação e produção desenvolvidos por Luiza Bairros, reconstituindo um valor integral de todas essas temáticas para a história social. A partir de uma perspectiva intimista – que tem como base 36 anos de amizade –, a obra constrói uma linha de valorização da história de Luiza Bairros, confirmando, mais uma vez, seu papel vanguardista na arquitetura das políticas de afirmação racial no Brasil, desde o pensamento e a luta social negra.

Este livro era devido, era necessário... E, para interpretar, assim, os pensamentos e os compromissos políticos de Luiza, a obra escolheu 3 caminhos de narrativa que expressam, em certa medida, a própria vida dela: i) o cuidado com o conhecimento teórico; ii) as rupturas e as escolhas feitas ao longo da vida e; iii) o equilíbrio entre a vida pessoal e social. Três linhas de narrativas que são enriquecidas com mais outras vozes e falas de interlocutores escolhidos a partir de seus específicos campos temáticos de atuação e interação com Luiza.

São leituras, reflexões e depoimentos de quem teve o privilégio de conviver e vivenciar o mais de perto possível aquelas experiências intelectuais, acadêmicas e políticas; muitas que marcaram momentos políticos e decidiram fatos históricos. Cada fala compartilha aspectos e informações, que compõem, para um público mais amplo, um pouco mais sobre quem foi e quem é Luiza.

Da militância política até o alto escalão do Estado, vamos conhecer uma trajetória que se inicia com a historicização da experiência acadêmica e de produção teórica de Luiza Bairros no tema da desigualdade racial no mercado de trabalho. É onde se toma conhecimento da primeira tese de mestrado sobre mercado de trabalho no Estado da Bahia, com enfoque nas relações raciais (capítulo II). No capítulo III, em diferentes marcadores temporais, encontramos a atuação de Luiza em diferentes campos de batalha, como no enfrentamento ao racismo e ao sexismo e na promoção de políticas da igualdade racial.

Ainda no capítulo III, podemos ver como são estratégicas as políticas no campo da comunicação e da arte negra – que surge quando a Arte e a Política se reencontram, contribuindo para uma ressignificação da negritude dentro da arte, ou melhor, quando se mostra que a comunicação e a cultura negra são uma manifestação potente de transformação social.

Em outro ponto, quanto ao feminismo negro, somos apresentados a reflexões e perspectivas daquelas que pensam e atuam no campo do feminismo negro, a partir das teses do enfrentamento ao racismo. Como dito por Luiza, "[...] para *nós, Durban é muito mais definitivo do que Beijing*".

Na produção de conhecimento e no pensamento sobre a diáspora africana e as democracias nas Américas, revisitamos a performance acadêmica de ensino e pesquisa de Luiza Bairros, além dos resultados de sua incidência política internacional, ao estabelecer uma cooperação técnica com dois centros universitários, entre Brasil e Estados Unidos – um exercício de fomento, que aproximou fronteiras entre atores e atrizes sociais, pesquisadores e estudantes, dentro do necessário intercâmbio no tema da diáspora.

No capítulo ainda é explorada a Marcha Zumbi dos Palmares e a manifestação da ativista, militante orgânica no movimento, expressadas nas contribuições e nas reflexões elaboradas acerca do significado político que a Marcha alcançava naquele momento na política nacional.

Temos ainda o marco da Conferência de Durban, na qual Luiza, como consultora do Programa das Nações Unidas para o Desenvolvimento (PNUD), na cooperação com o Brasil, ocupou função estratégica na preparação do país para a Conferência Mundial. Contribuiu muito, a partir de uma incidência decisiva nas ações de enfrentamento ao racismo, agora no contexto da política externa e global. De acordo com ela, era o momento mundial de afirmação do racismo como violação dos Direitos Humanos e da caracterização da responsabilidade dos Estados e suas capacidades de resposta a esta violação.

Para políticas formais de enfrentamento ao racismo institucional – narrativa apresentada na seção seguinte –, vamos conhecer um pouco das contribuições aportadas por Luiza Bairros a este então novo conceito dentro das políticas públicas governamentais. Começava aí o refinamento das inúmeras indagações sobre por que não haviam se estabelecido no país políticas de igualdade racial? O que historicamente vinha impedindo essas políticas de acontecerem? Os projetos pilotos implementados em Salvador e Recife, em cooperação técnica com o Ministério do Governo Britânico para o Desenvolvimento Internacional (DFID), foram os territórios embrionários da formulação e implementação das políticas públicas de combate ao Racismo Institucional.

Os desafios da atuação na concepção, na aprovação e na implementação do Estatuto da Igualdade Racial também são enfocados. Podemos ver sua incidência desde a etapa da forja da política nacional de enfrentamento ao racismo, com contribuições efetivas sobre os instrumentos e os mecanismos necessários a esta agenda nacional. Como Ministra de Estado para a referida pasta, Luiza seguiu a responsabilidade de avançar com a política interna de promoção da igualdade racial, que, por sua vez, também se ancorava nas recomendações do Plano de Ação de Durban, onde ela representou o país.

Um olhar também é dedicado a suas contribuições quanto ao fortalecimento das políticas para a juventude negra brasileira. Neste campo temático de sua atuação, as preocupações centrais eram sobre os direitos à educação, ao desenvolvimento e à proteção contra os assassinatos que geram perdas de vidas precoces e evitáveis de jovens negros em todo o país.

Nos quatro últimos capítulos, a autora joga mais luzes neste rio de águas e afluentes, iluminando as facetas da militante, da gestora pública, da pensadora e da analista política Luiza Bairros.

Uma consideração final sobre o que este livro disse para mim – e que eu acredito que também dirá para você, que vai começar a lê-lo – é a de que temos uma responsabilidade gigantesca com este legado deixado por Luiza Helena de Bairros! Sua história entra para a história, e permanecerá lá em um lugar que será definido por nós – nós que ainda permanecemos no lado de cá da luta.

Este livro é uma contribuição à história e à luta de Luiza. Ele nos ajuda a perceber que é muito importante nos mantermos vigilantes a este legado, exercitando, a cada batalha diária, os pensamentos e os exemplos de sua vida. Que possamos manter límpidas e potentes as águas do rio de Luiza Bairros.

Apresentação

Este livro é uma homenagem que me cabe e resolvi fazer sobre Luiza Bairros, mulher ímpar no cenário da militância negra, com a qual tive a honra e o prazer de conviver enquanto parceira, amiga, colega de trabalho e cúmplice durante anos de nossas vidas.

Entre tantas experiências que desenvolvemos e/ou sobre as quais dialogamos e refletimos juntas, temos minha gestão como coordenadora de informações do Sistema Nacional de Emprego (SINE/Ba) e na Pesquisa de Emprego e Desemprego (PED), na qual ela foi coordenadora de campo; na sua gestão como secretária de Estado da Bahia, fui sua Superintendente de Promoção de Igualdade Racial; minha participação como pesquisadora no Programa de Combate ao Racismo Institucional (PCRI) e no Estatuto da Igualdade Racial (Estatuto) – sempre próximas, sempre colaborando uma com a outra.

Enfim, foram tantas as vivências em comum que, tendo ela partido antes de mim, comecei a pensar que era preciso registrar quem foi Luiza para mim, no cenário do enfrentamento ao racismo, no cenário da pesquisa, no cenário da amizade entre mulheres... Por isso, me propus escrever este livro sobre ela – por nós, por ela.

Inicialmente gostaria também de deixar explicitadas as limitações deste texto sobre Luiza Bairros. Nunca foi minha pretensão trazer toda a sua história, que, como sabemos, foi muito intensa, complexa e polêmica. Ela se gabava de não ser unanimidade.

Pensei que poderia agregar alguns olhares sobre temáticas que não foram, ao tempo, e mesmo depois, suficientemente difundidas, bem como valorizar os caminhos que ela trilhou para se transformar de jovem militante do Movimento Negro Unificado (MNU) em Ministra de Estado. Nessa trajetória, dou ênfase a três coisas.

A *primeira*: na dimensão do conhecimento, uma vez que conciliou a militância e a contribuição teórica ao tema, esta vindo de onde viesse, para lastrear a prática política, sem fugir ao debate ou à disputa pelas narrativas – sendo, assim, implacável quando se referia ao combate ao racismo.

A *segunda*: desvelar como as escolhas que fez e que se constituíram como momentos de ruptura na sua vida foram marcantes para que ela solidificasse convicções e crescesse tanto política quanto profissionalmente.

A *terceira*: dar ênfase a algo pouco valorizado nas líderes políticas: o pessoal e o coletivo. Essas eram dimensões indissociáveis para ela. Amigos e amigas mais próximos vivenciaram e/ou ouviram dela relatos sobre as *dores* e as *delícias* de decisões que tomou, a exemplo da saída do MNU, da saída do Brasil para fazer o doutorado num momento efervescente da luta racial, da decisão de ir prestar consultoria ao Programa de Desenvolvimento das Nações Unidas (PNUD) para a III Conferência das Nações Unidas Contra o Racismo, Discriminação Racial, Xenofobia e Intolerâncias Correlatas, (Conferência de Durban), na África do Sul e, até mesmo, de aceitar o cargo de Secretária da Secretaria de Promoção da Igualdade (SEPROMI) do Governo do Estado da Bahia, que, no processo, abre caminho para a Secretaria Especial de Promoção da Igualdade Racial (SEPPIR).

Particularmente, no caso da consultoria ao PNUD, lembro-me do seu temor de estar exposta em posto de tamanha visibilidade e sujeita ao *fogo amigo*. Principalmente por não ser/não estar no Sul Maravilha, hegemônico, também, dentro do Movimento Negro. As feridas dentro do MNU não estavam curadas.

Assim, fiz escolhas: colocar foco nas contribuições teóricas, sem usar os materiais da militância orgânica, no caso, do MNU. Principalmente porque isso implicaria ampliar, em muito, o escopo da proposta, já que me obrigaria a realizar uma pesquisa dessas produções que estão, ainda, a merecer uma sistematização, mesmo sem desconhecer algumas iniciativas que estão sendo realizadas aqui no Nordeste.[1]

---

[1] Destaque ao projeto *Negritos* coordenado pela Professora da Universidade Federal do Recôncavo da Bahia (UFRB), Martha Rosa Filgueira Queiroz, militante negra,

A delimitação desse campo de reflexão fica restrita a ligeiras pinceladas que ela sempre fazia, referindo-se ao legado que a sua passagem pelo MNU produziu na sua compreensão de mundos. Mundos esses que Luiza não separava.

Nesta Apresentação, tenho obrigação de fazer agradecimento a muitas pessoas. Principalmente a todos os autores e as autoras das Obras Consultadas, cuja listagem encontra-se ao final desta obra.

Duas dessas obras, produzidas em momentos distintos, merecem destaque pela sua amplitude. Uma é a entrevista dada por Luiza a Sônia Alvarez, que cobriu um amplo período da trajetória de Luiza, estando ela já Ministra, tratando de Feminismos e Antirracismo. A outra obra que destaco é o texto de Felipe Freitas e Ana Flávia Magalhães Pinto, quando do primeiro ano da sua ausência física entre nós, cobrindo sua trajetória de Porto Alegre até a SEPPIR.

Mas tenho que agradecer, muito, mas muito afetuosamente, a Maria Nazaré Mota de Lima, com quem partilhei, junto a Luiza, de projetos, mas, também, de muitos *papos*, inclusive nas desconcentrações necessárias para aliviar as pressões das pautas políticas, mas não só por isso. Agradeço pela acurada leitura deste texto e pelas sugestões apresentadas, além de nos oferecer um delicado relato da amiga comum.

Foi meu desejo fazer um livro, não apenas meu, por meio do meu olhar, mas que fosse polifônico, incorporando outras vozes que vão ecoar na leitura de alguns temas aqui trabalhados. Com esse propósito, algumas pessoas deram depoimento sobre suas experiências partilhadas com Luiza, o que apresento após cada texto meu sobre ela: Felipe Freitas, sobre o tema da Juventude Negra; Silvio Humberto, sobre o Projeto Raça e Democracia; Hilton Cobra, sobre a Arte Negra; Luiz Alberto, sobre o Estatuto da Igualdade Racial; Nazaré Lima, sobre o PCRI; Vilma Reis, sobre o Feminismo Negro.

---

que disponibiliza no site http://negritos.com.br/ um acervo de boletins e jornais de Recife e Salvador com quatro jornais de Recife e dois de Salvador, cobrindo os anos de 1981 a 2002. Também há o *Ìrohìn*, que, através do Centro de Documentação, Comunicação e Memória Afro-Brasileiro, dispõe de acervo com 1.500 documentos digitalizados sobre a história do movimento negro e disponibilizados no site www.irohin.org.br.

Essa opção metodológica/conceitual leva a que, em alguns textos e momentos das narrativas dessas pessoas, a abordagem ganhe autonomia, pois vai além da participação de Luiza, o que dá um especial frescor e densidade à obra – algo muito ao gosto dela.

Esta mesma linha – de trazer outras vozes e olhares sobre Luiza e seu tempo – mantive na inclusão das pessoas que deveriam trazer seu olhar, apresentando a obra ao público leitor. Assim, dentre o universo de pessoas que poderiam fazer o Prefácio e o Posfácio do livro, a escolha tornou-se fácil, na medida em que teria que ser alguém com intimidade com Luiza, por muito tempo e em muitas frentes. Minha opção, acredito, será bem acolhida por todas e todos que sabiam da amizade e da cumplicidade política que Helena e Sueli alimentaram em anos e anos de partilha nesses mundos em que Luiza transitou.

Meus sinceros agradecimentos à fotógrafa Rita Cliff, que viabilizou fotos da Marcha das Mulheres Negras e do Prêmio Lélia Gonzáles; a Kledir Costa, assessor de comunicação da SEPROMI que nos viabilizou fotos de Malu Dias, Alberto Coutinho, Elói Corrêa, Vaner Casaes; e a Stela Costa. À Companhia dos Comuns, pelo rico material dos Fóruns de Performance Negra. Enfim, a toda a equipe da Editora Autêntica. À professora Nilma Lino Gomes meus agradecimentos pela forma parceira como acompanhou a produção desse legado de Luiza.

Ao final, só resta registrar a profunda saudade e a imensa falta que Luiza faz nesse momento de obscurantismo e retrocesso das pautas que avançaram pela atuação dos movimentos sociais, particularmente do Movimento Negro, em relação ao combate ao racismo e à promoção da igualdade racial no país.

À guisa de introdução: de que trata o texto

A motivação para produzir esta reflexão adveio de uma revisita ao artigo de Luiza Bairros denominado "Lembrando Lélia Gonzalez (1935-1994)", publicado no número 23 da *Revista Afro-Ásia* do Centro de Estudos Afro-Orientais (CEAO), da Faculdade de Filosofia da Universidade Federal da Bahia, em 2000.

Esta releitura me fez perceber que Luiza, ao reconstituir a trajetória da vida militante de Lélia, é como se estivesse a projetar/desenhar/rascunhar a sua própria. Lembremos que Lélia foi uma referência sempre presente nas falas públicas de Luiza, que sempre a teve como uma espécie de farol intelectual. Por isso, tomo a liberdade de me apropriar do roteiro metodológico que ela utilizou naquele artigo para contar/narrar momentos da trajetória de vida dela baseada não só nas falas públicas e na sua extensa produção escrita, mas incorporando momentos vivenciados por mim e pelos colaboradores dessa reflexão, que muitas vezes tivemos o privilégio de estar junto a ela na busca incessante por qualificar a atuação política voltada para o combate ao racismo e à promoção da igualdade racial. Tomo, pois, repito, a liberdade de, em muitos aspectos, seguir o roteiro que ela identificou em Lélia para registrar a sua trajetória política.

A reflexão aqui realizada visa contribuir para o resgate da contribuição teórica que Luiza trouxe ao debate e à construção de práticas políticas no seio do Movimento Negro e Feminista, das organizações internacionais governamentais multilaterais e das não governamentais, bem como das governamentais nacionais.

Conceitualmente, entendo por *contribuição* toda e qualquer produção em formato de artigos, diagnósticos, projetos, planos, pesquisas, monografias, resoluções, teses e similares. Do ponto de vista teórico, incorpora-se a esse conceito a disseminação, realizada por ela, de reflexões de intelectuais negros e negras, principalmente dos Estados Unidos da América, que, através dela, foram incorporadas à prática política do Movimento Negro e que hoje são parte do universo dos movimentos sociais negros, tanto no que se refere ao combate ao racismo como em relação ao feminismo negro.

Rosane da Silva Borges, na biografia de Sueli Carneiro, uma das publicações da Coletânea Retratos do Brasil Negro, da Edições Selo Negro, faz uma importante análise sobre memória e silenciamento da história das mulheres negras: *Urge, assim, transpor o déficit documental que timbra a história do negro e das mulheres negras*. A autora ainda cita o jornalista Muniz Sodré, que diz:

> O esforço de quem se aventura em trazer à superfície nomes, vozes e experiências do mundo negro é redobrado: sistematizar experiências, pôr em destaque estilos de vida, exige um duplo movimento que compreende, antes de tudo, entrar na disputa discursiva para mostrar que esses nomes merecem lugar especial no panteão das personalidades históricas.[2]

Em outro trecho, Rosane Borges volta a Muniz Sodré, para quem a "lógica racista do apagamento opera circularmente nas seguintes categorias: a negação, o recalcamento, a estigmatização e a indiferença. [...] No que concerne às mulheres negras [...] a sua história é recoberta por oceanos de silencioso esquecimento".

Esta autora, igualmente, ressalta como Lélia Gonzalez, ainda nos anos 1980, nos alertava sobre a necessidade de assumirmos a nossa própria fala "o lixo vai falar, e numa boa".

Destaca também, como, nos anos 1990, Wânia Sant'Anna, na abordagem apresentada no texto "História de Vida e de Organização Política", inserido na publicação *Mulheres negras formulando políticas públicas de desenvolvimento*, de 2004, sugere como questões nucleares:

---

[2] SODRÉ, Muniz *apud* BORGES, Rosane da Silva, *Sueli Carneiro*, 2009, p. 14.

> A importância de escrevermos as nossas histórias de vida – e por isso [...] mencionar as obras das escritoras negras e recordar momentos de organização política das mulheres negras brasileiras.
>
> Analisar quanto as mulheres negras, apontando as suas dificuldades de sobrevivência – social, econômica e cultural – têm sido capazes de explorar problemas estruturais da sociedade brasileira – e para tanto, apresentar os indicadores econômicos e sociais que comprovam as diferenças de padrão de vida e oportunidade entre mulheres negras e brancas.
>
> Discorrer sobre por que, para as mulheres negras, segue sendo importante estabelecer distinções entre os seus interesses e suas necessidades frente *às* necessidades e os interesses das mulheres brasileiras – aqui tomadas sem distinções como as de classe social, local de nascimento, idade, ocupação profissional, estado conjugal, entre outras.

Revela que Jurema Werneck, em 2000, já avançava nessas proposições de Wânia Sant'Anna, na Introdução da publicação *Livro da saúde das mulheres negras: nossos passos vêm de longe*, quando afirma: *Já é hora de dar visibilidade* às *nossas vozes. A nossos feitos. Nossos pensamentos, nossas histórias...*

Luiza Bairros é, portanto, parte dessa geração que, tendo *Lélia* como farol, reescreveu e reescreve a história das mulheres negras brasileiras. Ao lado de Sueli Carneiro, Wânia Sant'Anna, Jurema Werneck, Matilde Ribeiro, Mundinha Araújo, Conceição Araújo e tantas outras, nos presenteou com um pensamento negro-feminista que representa um marco na história do negro e das mulheres negras em nosso país.

Para cada uma das dimensões trabalhadas neste texto, enfatiza-se o que contém de avanço teórico e conceitual e as formas como organizações, intelectuais, pesquisadores e militantes deles se apropriaram. Assim, a contribuição de Luiza que se busca destacar refere-se tanto ao que ela construiu teoricamente como ao que ela proporcionou, com a divulgação/disseminação de suas ideias e de outros intelectuais negros/as no âmbito dos movimentos sociais.

Os temas aos quais ela se dedicou e que serão aqui tratados são Desigualdade Racial no Mercado de Trabalho, Feminismo Negro, Diáspora Africana e Democracia, Arte Negra, Juventude Negra e a Promoção da Igualdade Racial e Combate ao Racismo, a partir de uma gama de subtemas em torno dessa agenda, com destaque para a Conferência de Durban, a Marcha, o PCRI e o Estatuto da Igualdade Racial.

As análises sobre *Desigualdades Raciais no Mercado de Trabalho* contemplam artigos produzidos entre os anos de 1986 e 1994, a maioria deles quando da sua passagem pela Secretaria do Trabalho do Governo do Estado da Bahia.

A temática do *Feminismo Negro* está presente desde o início da sua militância, a partir da qual estabeleceu profícuos embates dentro e fora dos movimentos negros e feministas.

O tema *Diáspora Africana e Democracia* incorpora sua experiência nos Estados Unidos e que, na sua volta, esteve presente na parceria entre o Centro de Recursos Humanos (CRH) da Universidade Federal da Bahia (UFBA) e a National Conference of Black Political Scientists (NCOBPS), cujo arremate foi o Seminário Raça e Democracia nas Américas, realizado em Salvador, em 2000.

Enfrentar o Racismo, o Sexismo e Promover a Igualdade Racial são temas, segundo ela, indissociáveis. Abarcam projetos e iniciativas de organizações negras, passando por articulações institucionais com agências do Sistema das Nações Unidas, da Cooperação Internacional, do Parlamento Brasileiro, culminando com a sua gestão de Ministra da SEPPIR.

Uma das temáticas menos difundidas da produção de Luiza é a voltada para as Artes Negras. Com base nas contribuições aportadas aos Fóruns de Performance Negra, coordenados, entre outros, pela Companhia dos Comuns, Luiza revela esta sua faceta ainda pouco conhecida.

Outra dimensão muito cara a Luiza era a da Juventude. Assim, o depoimento de Felipe Freitas é eloquente no sentido de demonstrar como o tema era alvo de suas preocupações políticas.

Além desses temas, essas reflexões tratam, também, de outras práticas, que são marcadores da sua personalidade, inteligência, sensibilidade e visão estratégica, com textos denominados de "A Militante-Intelectual/A Intelectual-Militante", "A Analista Política" e "Os Limites da Institucionalidade".

Pesquisando as desigualdades raciais no mercado de trabalho

Minha aproximação maior com Luiza Bairros aconteceu no ano de 1980, na Secretaria do Trabalho do Governo do Estado, onde ela trabalhava, convidada por Vera Magalhães, que era a presidente da Fundação Baiana para o Trabalho,[3] e esta autora, Vanda Sá Barreto, a Coordenadora de Informações do Sistema Nacional de Emprego (SINE), recém-instituído pelo Ministério do Trabalho (MTB) – era a Nova República. Estávamos em plena transição para a Democracia, e a Bahia, como todo o Brasil, passava por uma grande ebulição e, assim, envolvidas emocionalmente na construção de um novo país.

Luiza não pertencia à Coordenação de Informações, mas, por orientação de Iara Farias, que era a Coordenadora Estadual do SINE, ela foi transferida para lá, considerando, inclusive, que estava em fase de elaboração da tese de mestrado em Ciências Sociais na Faculdade de Filosofia da UFBA, com a temática sobre o negro no mercado de trabalho. Dessa forma, passou ela a produzir artigos para a *Revista Força de Trabalho e Emprego*, editada pela Secretaria e da qual ela fez parte na Equipe de Editoria, de 1986 até a sua saída do país, em 1994.

A tese de mestrado foi, assim, o passo inicial de uma sequência de escritos sobre a temática das desigualdades raciais no mercado de trabalho na Bahia e, particularmente, na Região Metropolitana de

---

[3] O percurso trilhado por Luiza tem várias versões complementares. A de Vera Magalhães é que ela lhe teria sido apresentada por Chico Preto (seu sobrinho), após ter voltado do Ceará, onde participou de um curso sobre Planejamento Regional.

Salvador (RMS). Denominada de *Pecados no "Paraiso Racial": o negro na força de trabalho da Bahia, 1950-1980*, defendida em 1987, teve desdobramentos em palestras e artigos para diversas instituições. Destaco, nesse particular, a sua transformação em um artigo para a revista do Centro de Estudos e Ação Social da Arquidiocese de Salvador (CEAS), e publicação no livro organizado pelo historiador João José Reis,[4] denominado *Escravidão & Invenção da Liberdade*, publicado pela Editora Brasiliense em 1988, parte da celebração do centenário da Abolição da Escravatura. Para a elaboração dessa versão, recebeu uma Bolsa de Pesquisa da Associação Brasileira de Estudos Populacionais (ABEP).

Sua tese é, seguramente, a primeira análise sobre o mercado de trabalho da Bahia com foco na parcela negra da sua população. Com apoio de informações do Censo Demográfico de 1950 e tabulações especiais do Censo de 1980, constrói um painel contundente sobre o que identifica como [...] *a persistência das desigualdades raciais na participação de brancos e negros na força de trabalho, aspecto até então pouco explorado nos estudos sobre o negro baiano.*[5]

Como ela declara, o objetivo da tese é [...] *contribuir para realçar uma realidade pouco estudada, apesar da flagrante opressão a que estão submetidas amplas parcelas da população baiana, negra em sua maioria.*[6]

Iniciando com uma breve caracterização da economia baiana desde o período colonial até as mais recentes transformações à época, do processo de acumulação capitalista pelo qual passou o país, realiza uma revisão da literatura com análises segmentadas pela inserção da população negra e branca nos setores de atividade, tipo de ocupação, rendimentos e posição na ocupação.

Importante é destacar suas considerações finais, em que levou em conta os processos discriminatórios analisados a partir dos anúncios de empregos em jornais locais; Luiza sintetiza suas conclusões em três aspectos:

---

[4] O professor e historiador João Reis foi o orientador de sua tese de mestrado.
[5] BAIRROS, Luiza. Pecados no "Paraíso Tropical": o negro na força de trabalho da Bahia, 1950-1980. *In*: REIS, J. J. *Escravidão & Invenção da Liberdade*, 1988.
[6] *Idem*, p. 289.

> Em primeiro lugar, a "falsa consciência", ou a hipocrisia das relações sociais vigente na sociedade [referindo-se à afirmação de Carlos Hasenbalg, em *Discriminação e Desigualdades Raciais no Brasil*] que não só garante a impunidade das práticas discriminatórias [...] mas também confere aos brancos de qualquer condição social o direito, o poder e até o dever de resistir à redefinição dos papéis ocupacionais do negro [...]
> Em segundo lugar reafirma que nem sempre a maior escolaridade e especialização do trabalhador negro aumenta suas chances de competir em pé de igualdade com o branco. E em terceiro lugar, afirma que essas situações tendem a assumir contornos mais dramáticos na medida em que o sexismo e o racismo se articulam. [7]

Depois da defesa da tese enveredou pelas análises sobre Mercado de Trabalho racialmente estruturado, com foco nos seus componentes (emprego e desemprego), tendo por base os dados disponibilizados pelo Ministério do Trabalho,[8] e estimuladas pela parceria da Secretaria do Trabalho com o CRH, possibilitando a criação de um grupo de pesquisa composto por ela Luiza, por mim, Vanda Sá Barreto e Nadya Castro, que produziram artigos individuais e em conjunto levados a vários fóruns, principalmente aos encontros da Associação Brasileira de Estudos Populacionais (ABEP).

"O Negro na Força de Trabalho", inicialmente publicado na *Revista Força de Trabalho e Emprego*, em 1985,[9] foi concluído quando ainda escrevia a sua tese de mestrado, e trazia os achados iniciais da sua pesquisa.

O texto "Vivendo em Sobressalto" é o primeiro resultado da parceria com a universidade e foi elaborado conjuntamente comigo, Vanda Sá Barreto e Nadya Castro. A primeira versão é de 1985, mas o artigo foi republicado em um número especial da *Revista Força de Trabalho e Emprego*, em 1990. Posteriormente com novos achados, transformou-se

---

[7] BAIRROS, Luiza, Pecados no "Paraíso Tropical": o negro na força de trabalho da Bahia, 1950-1980, *In*: REIS, J. J. *Escravidão & Invenção da Liberdade*, 1988, p. 321.

[8] Dados da Lei n.º 4.923 atualmente constituindo o CAGED – Cadastro Geral de Empregados e Desempregados.

[9] Republicado no Cadernos do Centro de Estudos e Ação Social da Arquidiocese de Salvador (CEAS) em 1986 e em 1988 na *Revista Humanidades*.

em capítulo do livro *Trabalho e desigualdades raciais: negros e brancos no mercado de trabalho em salvador.*[10]

Este texto tem a Região Metropolitana de Salvador como um objeto privilegiado de observação, por seus traços singulares. Primeiro, por ser a Bahia e, particularmente, Salvador, ideologicamente representadas pelo que se denomina de *negritude*, não apenas por ser indubitavelmente a metrópole de maior presença negra, em termos relativos, mas por terem a ideologia de *baianidade* e *negritude* como aspectos indissociáveis, *incompreensíveis um sem o outro*. Segundo, por ser além de negra, pobre, e sua maior expressão os permanentemente elevados índices de desemprego e subemprego, o que coloca a indagação sobre a relação entre ser negra e ser pobre. Terceiro, esses indicadores de pobreza estarem ocorrendo na *Região Metropolitana de Salvador, que se constitui no mais exitoso experimento econômico de reconversão produtiva de uma economia regional, levado a cabo nas três* últimas *décadas no Brasil.*[11]

Tendo por base os dados da Pesquisa Mensal de Emprego (PME), através da análise da movimentação no interior da População Economicamente Ativa (PEA) entre Ocupação, Desemprego e Inatividade em três períodos da década de 1980, conclui que

> [...] entre os pretos torna-se decisivo entender o trânsito entre ocupação e desemprego [...] Já entre os brancos, *é* a entrada e saída do mercado de trabalho, isto *é,* a passagem cíclica para a inatividade, o recurso decisivo para apreender suas estratégias de enfrentamento *às* variações no nível de atividade econômica. Os pardos parecem combinar as tendências de [...] brancos e pretos: se a elevada taxa de desemprego os aproxima de pretos, a maior oscilação dessa taxa os aproxima dos brancos; mas, por outro lado, a ocupação, também menos oscilante, volta aproximá-lo dos brancos.[12]

---

[10] O programa da UFBA da parceria com a Secretaria do Trabalho era denominado de Classes, Etnias e Mudanças Sociais, posteriormente transformado em A Cor da Bahia – Programa de Pesquisas e Formação sobre Relações Raciais, Cultura e Identidade Negra. Com apoio da Fundação Ford, teve Rebecca Reichmann, então Representante do Escritório da Ford no Brasil, como prefaciadora do livro *Trabalho e Desigualdades Raciais*.

[11] BAIRROS, Luiza; SÁ BARRETO, Vanda; CASTRO, Nadya A., Vivendo em Sobressalto, 2009, p. 13-14.

[12] BAIRROS, Luiza; SÁ BARRETO, Vanda; CASTRO, Nadya A., Vivendo em Sobressalto, 2009, p. 59.

Nessa mesma linha de produção conjunta, o texto "Negros e Brancos em um Mercado de Trabalho em Mudança" foi apresentado no XV Encontro Anual da Associação Nacional de Pós-Graduação e Pesquisa (ANPOCS), em 1991, sendo selecionado e publicado na *Revista Ciências Sociais Hoje*, de 1992.

Nele são retomadas as análises realizadas no texto anterior, agora tendo por base os dados da Pesquisa de Emprego e Desemprego na Região Metropolitana de Salvador (PED/RMS), que possibilitaram trazer novas pistas para a compreensão das desigualdades raciais no mercado de trabalho, a partir da desagregação do tipo de desemprego a que estavam submetidos pretos, pardos e brancos. A PED foi iniciada em SP em 1984 e na RMS em 1989, baseada em uma metodologia inovadora para a mensuração do desemprego em contraposição aos números apresentados pelo Ministério do Trabalho. Construída pela SEADE, fundação do governo de São Paulo em parceria com o Departamento Intersindical de Estatística e Estudos Socioeconômicos (DIEESE), teve a RMS como a segunda a aplicá-la.

> Os dados revelaram que, apesar de o Desemprego Aberto ter sido o principal componente da desocupação na [...] ele é muito mais ponderável para a formação do desemprego de brancos que de pretos e pardos [...] O Desemprego por Desalento é, pois, mais significativo para os brancos [...]
> Conclui afirmando que enquanto o Desemprego por Trabalho Precário atinge os pretos [...] A maior variação das taxas de desemprego aproxima brancos e pardos, mas apenas entre os brancos essa variação intensa acaba por se exprimir em uma tendência a decrescer – em termos absolutos e relativos – o desemprego.[13]

O Desemprego Aberto caracteriza-se por ser aquele no qual as pessoas procuraram trabalho de maneira efetiva nos últimos 30 dias ou nos últimos 12 meses; o Desemprego Oculto é de dois tipos: o Oculto pelo Trabalho Precário é considerado como aquele realizado de forma irregular, mas que também efetivamente procuraram trabalho; o Desemprego Oculto pelo Desalento é aquele no qual a pessoa que não possui trabalho não procurou emprego por diversos motivos.

---

[13] BAIRROS, Luiza, Negros e Brancos em um mercado de trabalho em mudança, 1992, p. 48.

O artigo "Desemprego: o negro *é* o primeiro que sobra" foi publicado inicialmente em 1992 e republicado em 1993. O título do artigo foi, segundo ela, tomado de empréstimo de um *slogan* do MNU no 1º de maio de 1989. Sua preocupação central foi entender os trânsitos que trabalhadores pretos, pardos e brancos percorriam no mercado de trabalho, entre ocupação, desocupação e inatividade.

Assim, Luiza Bairros constata que "o desemprego aberto é a maior parcela do desemprego total em qualquer grupo racial [...] entre os brancos tem participação mais elevada no total e sempre apresenta taxas de menor magnitude, tendentes a declinar ao longo dos meses analisados" (BAIRROS, 1993, p. 55-60).

Em relação ao segmento pretos e pardos afirma que os dados não só assustam pelos altos valores que apresenta, como pelo fato de incidir sobre um contingente que representa cerca de 81% da população trabalhadora da RMS.[14]

Mas, quando se trata do Desemprego Oculto, entre Negros e Brancos as diferenças são ainda mais significativas. Destaque para a maior proporção entre os brancos do Desemprego por Desalento, que tudo leva a crer ocorrer por ser esse tipo desemprego *uma situação-limite entre o desemprego e a inatividade.*

Dessa forma, a permanência dos negros no mercado de trabalho depende menos do perfil da oferta, podendo transitar em grandes quantidades para a ocupação e até mesmo para o desemprego aberto, desemprego oculto pelo trabalho precário. Assim, qualquer dessas alternativas (ocupação ou desemprego) tem como traço definidor a precariedade no mercado de trabalho.

Mas Luiza Bairros não se restringiu a analisar o mercado de trabalho apenas a partir das variáveis macroeconômicas, ou seja, pela estruturação do mercado de trabalho. Mergulhou também nas especificidades geracionais e de gênero. Do ponto de vista geracional, produziu dois artigos: "Reflexão sobre o Trabalho do Menor", em 1986, e "Crianças e Adolescentes no Mercado de Trabalho", em 1992.

Ela inicia o segundo texto, "Crianças e Adolescentes no Mercado de Trabalho", construído seis anos depois do primeiro, retomando a

---

[14] BAIRROS, Luiza, Desemprego: o negro é o primeiro que sobra, 1993, p. 56-60.

situação de crianças e adolescentes cujo debate intensificou-se no contexto da construção do Estatuto da Criança e do Adolescente (ECA), quando estarrecedoras estatísticas revelaram o quadro dramático no qual estão inseridos: o *extermínio* e o *abandono*. Reporta-se a levantamento realizado pelo Instituto Brasileiro de Análises Sociais e Econômicas (IBASE) e ao Projeto Axé, no qual sobressai o fato de crianças e adolescentes terem de buscar na rua a vivência/sobrevivência (trabalhar em biscate, pedir esmola e até exercer atividades ilícitas).[15] Mas, que havia que se considerar que as [...] *crianças que possuem casa e família e que tem na rua seu espaço principal são mais comuns do que se pensa*.[16]

Dessa forma seu artigo busca realçar a permanente, significativa e ilegal presença de crianças e adolescentes na força de trabalho, que, por um lado, nega a idade como definidora do papel diferenciado das gerações e, por outro lado, revela os limites da sociedade para viabilizar um discurso voltado para a necessidade de proteção *à* infância e juventude.

Conforme ela já destacava no artigo anterior sobre o trabalho da criança menor de idade,[17] de 1986, sua análise realizada a partir de uma profusão de dados sobre as características de crianças e adolescentes na força de trabalho (taxas de participação e de atividade, ocupação por setor de atividade, ocupação mais frequentes, posição na ocupação, todas elas por grupos de idade, segundo a cor e o sexo), possibilitou chegar a duas conclusões: "[...] a primeira delas diz respeito ao valor do trabalho, seu significado social para expressiva parcela de crianças e adolescentes que se dedicam a afazeres que são e que não são trabalho".[18]

A segunda teria a ver com os impactos que a aprovação do ECA poderia provocar sobre a qualidade da inserção desse público no mercado de trabalho pois, sua implementação, passaria por diversas questões, tais como a regulamentação do trabalho aprendiz para a faixa etária menor de 18 anos, pelo desconhecimento dessa legislação pelas classes empresariais e, contraditoriamente, desativação de programas que existiam antes do ECA.

---

[15] BAIRROS, Luiza, Crianças e adolescentes no mercado de trabalho, 1992.
[16] IBASE/Projeto Axé, *Levantamento das crianças de rua*: Salvador/BA, 1990.
[17] Essa denominação (de menor) só foi abolida pelo ECA em 1990.
[18] BAIRROS, Luiza, Crianças e adolescentes no mercado de trabalho, 1992, p. 13.

Destacando a questão de gênero, o texto "Reforço da Subordinação" (1985),[19] segundo ela, apresenta algumas das especulações que desenvolveu na sua tese de mestrado e que teve como ponto de partida o estudo de Nadya Castro e Iracema Guimarães, denominado *O que é que a baiana faz?*

Na parte inicial, teórica, dialoga com duas pesquisadoras, ambas muito respeitadas por Luiza: Heleieth Saffioti (texto "A mulher na Sociedade de Classe: Mito e Realidade") e Beatriz Nascimento (texto "A Mulher Negra no Mercado de Trabalho"). Na parte analítica, dialoga com Eva Blay (texto "Trabalho Domesticado: A Mulher na Indústria Paulista"), Sueli Carneiro (texto "Mulher Negra"), June Hahner (texto "A Mulher no Brasil"), Esmeralda Blanco (texto "Mulheres e Menores no Trabalho Industrial") e Lélia Gonzalez (texto "Racismo e Sexismo na Cultura Brasileira"), contextualizando uma profusão de dados sobre o perfil das mulheres, por raça/cor, inseridas na estrutura produtiva da Bahia.

Ou seja, na temática das Desigualdades Raciais no Mercado de Trabalho, Luiza produziu entre os anos de 1985 e 1994, quando então viaja aos Estados Unidos para cursar o doutorado em Sociologia na Universidade Estadual de Michigan.

---

[19] Este texto é republicado na Coletânea *Desigualdade Racial no Brasil contemporâneo*, organizada por Peggy Lovell, pela CEDEPLAR/UFMG, em 1991.

Enfrentando o racismo, o sexismo e promovendo a igualdade racial

Creio que posso afirmar que a presença de Luiza por cerca de quatro anos em Michigan foi determinante para os rumos que ela trilhou na militância e na vida profissional. Sem pretender estabelecer uma narrativa cronológica, apresento, a seguir, as principais pautas, nas quais ela se envolveu antes e depois deste evento e que aqui estamos denominando genericamente de *Enfrentando o racismo, o sexismo e promovendo a igualdade racial*. Foram: Arte Negra, Feminismo Negro, Diáspora Africana e Democracia, Marcha Zumbi dos Palmares, Conferência de Durban, Combate ao Racismo Institucional, Estatuto da Igualdade Racial e Juventude Negra.

Arte negra

Quando na SEPPIR, em 2011, Luiza construiu uma poderosa articulação com as principais empresas públicas para viabilizar o financiamento de políticas voltadas à cultura e às artes negras. A empreitada resultou na Proposta de Inclusão, a partir do apoio de empresas estatais e privadas *à* cultura e às artes, fruto das contribuições de grupos culturais e artísticos com os quais a SEPPIR discutiu, no âmbito da *Campanha Igualdade Racial é pra Valer*, cujo objetivo era fazer do Brasil um país melhor, onde todas as pessoas têm oportunidades, independentemente de sua cor/raça, cultura, religião e origem. Tudo isso para celebrar *o Ano Internacional dos Afrodescendentes*, decretado pela Assembleia

Geral das Nações Unidas, visando estimular ações concretas para que as populações negras pudessem gozar plenamente dos seus direitos econômicos, culturais, sociais, civis e políticos.

A Campanha, portanto, seria um desafio para alargar os significados e alcance de ações capazes de tornar a inclusão uma *realidade para todos* os brasileiros. Daí, a adesão das empresas estatais e privadas à Campanha, através de uma política de patrocínio para incentivo à cultura e às artes nas linguagens de teatro, música, dança, cinema, fotografia, artes visuais, artes plásticas e literatura. As Artes Negras foram definidas de modo a abranger, no máximo possível, diferentes ações no âmbito da contribuição negra à cultura brasileira, ou seja,

> atividades concebidas e executadas por coletivos artísticos compostos majoritariamente por pessoas negras, que tenham como fulcro estético elementos relacionados *à* cultura afro-brasileira e/ou *às* questões sociopolíticas ligadas *à* experiência da população negra dentro e fora do Brasil.[20]

Esta proposta incorpora a visão na qual a Promoção da Igualdade Racial passe a ser um valor que deva orientar, também, as políticas de apoio cultural das empresas estatais e privadas; para o que propõe:

- apoiar a formação e consolidação de instituições culturais, companhias e grupos artísticos, visando romper o ciclo vicioso de obstáculos que impedem a sua continuidade;
- garantir, na elaboração de Editais, apoio a projetos de arte negra, fortalecendo e ampliando a agenda nacional e internacional de encontros e mostras realizadas por coletivos negros;
- construir critérios para que os editais que evidenciem diálogo com as matrizes culturais africanas sejam considerados elemento positivo na avaliação da proposta;
- instituir um piso de 30% de aprovação de projetos de arte negra em cada segmento;
- assegurar, nas Comissões de Avaliação a presença de (pelo menos 30%) profissionais com sólidos conhecimentos sobre as

---

[20] SEPPIR, Uma proposta de inclusão a partir do apoio de empresas estatais e privadas à cultura e às artes, 2011, p. 1.

diversas matrizes africanas, de forma a evitar a visão estereotipada sobre a cultura negra, vista apenas como folclore;
- instituir, por fim, uma linha de apoio específica para manifestações ligadas ao Carnaval (principalmente blocos afro), aquelas tombadas como bens imateriais (afoxé, samba de roda, maracatu, jongo, congadas e capoeira) e voltadas à preservação do patrimônio material.

Decorrente desta articulação foi realizada, em agosto de 2012, uma Audiência Pública na Câmara dos Deputados para debater a *Política de Patrocínio*, por iniciativa do Deputado Federal da Bahia Luiz Alberto, com a presença das seguintes empresas: Caixa Econômica Federal, Empresa Brasileira de Correios e Telégrafos, Banco do Brasil, Secretaria de Comunicação da Presidência da República além de deputados federais e representantes da Sociedade Civil.

A fala da Ministra nessa Audiência, que teve início louvando *a iniciativa do MinC e da Palmares de fazerem um projeto de formação para a elaboração de projetos*, centrou-se em propostas que facilitassem a relação entre as empresas apoiadoras e as organizações negras, como segue:

> • [...] *que se faça a formação dirigida para determinados editais;*
> • [...] *que o Akoben*[21] *e a comunicação da SEPPIR divulguem o calendário da caravana da Petrobras para que os produtores e os artistas negros possam se capacitar;*
> • [...] *que o Akoben promova e pilote um movimento no sentido de incentivar artistas e produtores negros a aplicarem seus projetos nos vários editais abertos e abra a informação para que possamos controlar a demanda* [...] *quem mandou, que projeto, para qual edital* [...] *para que se tenha esse volume dimensionado.*[22]

A ministra Luiza Bairros sugeriu dar início à campanha intitulada: *Vamos tomar de assalto os editais*. Essa campanha tinha por objetivo tanto incentivar os grupos negros a se capacitarem em elaboração

---

[21] *Akoben: Clarim da Resistência* foi um movimento criado por artistas e produtores negros do Rio de Janeiro e encabeçado pela Cia dos Comuns, insatisfeitos com a invisibilidade das organizações negras e contra os resultados de Editais da Funarte/MinC.

[22] BRASIL, Audiência Pública n.º 1182/12, de 21 de agosto de 2012.

de Editais da Caravana da Petrobrás quanto estimular esses grupos a enquadrarem projetos nesse e em todos os editais que seriam lançados.

Esta construção, elaborada na SEPPIR, foi produto de uma vivência intensa que Luiza teve com o Fórum Nacional de Performance Negra, que foi realizado em Salvador, entre 2005 e 2009. Mas não se deve esquecer sua origem no Grupo de Mulheres do MNU-BA quando, em 1981, participou de um trabalho com as bases comunitárias a serem mobilizadas por meio de uma peça de teatro em que se problematizou, entre outros temas, a relação dos militantes com suas mulheres e com suas companheiras de luta. A peça era intitulada de *Iyá ou Anônimas Guerreiras Brasileiras* e teve Luiza como atriz. Para ela, *o teatro se mostrava uma linguagem eficiente para pautar a discussão em meios onde o formato do discurso mais afastava do que aproximava.*[23]

Vejamos algumas das contribuições dadas por Luiza em cada um dos 3 fóruns: O I Fórum Nacional de Performance Negra ocorreu em Salvador, entre os dias 30 de maio e 1º de junho de 2005, realizado pela Cia dos Comuns, Bando do Teatro Olodum e Teatro Vila Velha, que afirmam que *ele nasceu da compreensão de que o Brasil precisa de um teatro e de uma dança que expressem a grandeza da influência de sua população negra.*[24]

Este 1º Fórum, que teve como foco a dança e o teatro negros, reuniu cerca de 50 grupos.[25] A programação diz bem do espectro de atividades trazido à discussão: Além da justa homenagem a Abdias Nascimento, fundador do Teatro Experimental do Negro (TEN), quatro palestras constituíram o evento. Foram elas: a de Inaicyra Falcão dos Santos,[26] sobre "A Dança de Matriz Africana no Brasil"; a de Haroldo

---

[23] FREITAS, Felipe, PINTO, Ana Flávia M., Luiza Bairros, uma "bem lembrada" entre nós: 1953-2016, 2017, p. 233-234.

[24] BAIRROS, Luiza, MELLO, Gustavo (Org.), *I Fórum Nacional de Performance Negra*, 2005, p. 8.

[25] Alagoas (1), Amapá (2), Amazonas (1), Bahia (11), Espírito Santo (1), Goiás (2), Maranhão (1), Mato Grosso (1), Mato Grosso do Sul (1), Minas Gerais (3), Pará (3), Paraná (1), Pernambuco (3), Piauí (2), Rio de Janeiro (11), Rio Grande do Sul (2), São Paulo (2), Sergipe (1).

[26] Inaicyra, cantora lírica, professora associada do Departamento de Artes Corporais e Coordenadora da Comissão de Pós-graduação em Artes da UNICAMP.

Costa,[27] intitulada "História de Teatro Negro no Brasil"; a de Luiz Silva (Cuti),[28] sobre "Literatura e Dramaturgia"; a de Edson Cardoso,[29] com o "Quadro da Questão Racial no Brasil Contemporâneo"; e a de Ubiratan Castro Araújo,[30] com o tema "Performance Negra: O que o MinC vai fazer com isso?".

A destacar, neste Fórum, a divulgação da "Carta de Salvador", elaborada pelos participantes, cujo conteúdo aqui reproduzimos, através de alguns trechos:

> [O fórum] nasce da compreensão de que é imperativo um teatro e uma dança que expressem o poder e o vigor da criação artística da população negra deste país.
> Apontou a diversidade de propostas estéticas, que têm [...] em comum a disposição e o empenho de viabilizar manifestações autônomas, ou seja, livres das imposições culturais e financeiras que privilegiam ideais e valores eurocêntricos os quais tentam negar e restringir o pleno direito de expressão da identidade negra.[31]

No II Fórum Nacional de Performance Negra, também ocorrido em Salvador, entre os dias 11 e 14 de setembro de 2006, realizado pelas mesmas organizações que realizaram o I Fórum (Cia dos Comuns, Bando do Teatro Olodum e Teatro Vila Velha), Luiza participa como palestrante, e sua fala foi registrada nos Anais do Evento, está no Bloco Compromisso, com o tema Política.

---

[27] Haroldo Costa, que teve iniciação teatral no Teatro Experimental do Negro, de Abdias Nascimento, atualmente Produtor Cultural nas áreas da TV, rádio, criação de espetáculos e jornalismo.

[28] Cuti, escritor e um dos fundadores de Quilombhoje Literatura e da série Cadernos Negros. Mestre em Teoria da Literatura e Doutorado pela UNICAMP tem uma vasta produção de textos dramáticos, poemas, contos e as Memórias de José Correia Leite.

[29] Edson Cardoso, mestre em Comunicação Social pela UNB é editor do jornal *Ìrohìn*, voltado para o combate ao racismo e às desigualdades raciais. Por dez anos foi Assessor Parlamentar contribuindo para levar esta pauta para o Congresso Nacional. Foi, como vimos, Coordenador da Marcha Zumbi contra o Racismo pela Cidadania e a Vida, de 2005.

[30] Ubiratan Castro Araújo, Professor-Doutor, Historiador da UFBA, estava como Presidente da Palmares à época.

[31] Fórum Nacional de Performance Negra, Salvador, 2005, p. 14.

Nesta época Luiza se identifica como pesquisadora associada do Centro de Recursos Humanos (CRH) da Faculdade de Filosofia da UFBA (como coordenadora do projeto Raça e Democracia nas Américas), professora na Faculdade de Direito da Universidade Católica de Salvador, assessora de agências internacionais em projetos de cooperação de interesse da população negra no Brasil. E, evidentemente, como Ativista do Movimento Negro e do Movimento de Mulheres. Sua exposição fala das suas motivações para entender o que mudou na política racial brasileira nas três últimas décadas.[32]

No III Fórum Nacional de Performance Negra, participa já na condição de Secretária da SEPROMI e contribui na organização do evento, como o fez nos anos anteriores. Este realizou-se entre os dias 6 e 9 de julho de 2009, sob a condução das mesmas organizações que realizaram os anteriores, com algumas diferenças simbolicamente importantes, como a presença de Edson Santos, ministro da SEPPIR, e com a participação de 110 grupos culturais,[33] o que significou um aumento de mais de 100% no número de grupos presentes, em comparação ao I Fórum.

A intervenção de Luiza, já agora a partir do apoio da SEPROMI, começa destacando duas coisas: a primeira, a felicidade por poder ter contribuído para o Estado apoiar a ampliação da presença de grupos locais no Fórum; segundo, destacando a importância política do Fórum na medida em que coloca na esfera pública a existência de grupos de teatro e dança negra, invisibilizados pela insensibilidade dos órgãos públicos.

Ninguém melhor do que Hilton Cobra para dar o seu testemunho da importância dela, no processo de desenvolvimento do Fórum de Performance Negra. Eis o seu depoimento:

---

[32] Mais detalhes dessa fala encontra-se no Item V deste documento.

[33] Foram do: Acre (1), Alagoas (1), Amazonas (1), Amapá (1), Bahia (41), Ceará (1), DF (2), Espírito Santo (2), Goiás (2), Maranhão (1), Mato Grosso (2), Mato Grosso do Sul (1), Minas Gerais (6), Pará (1), Paraíba (2), Paraná (2), Pernambuco (4), Piauí (2), Rio de Janeiro (15), Rio Grande do Norte (1), Rio Grande do Sul (4), Roraima (1), Rondônia (1), Santa Catarina (1), São Paulo (9), Sergipe (1) e Tocantins (1).

Depoimento: Luiza na trilha da arte negra
Hilton Cobra

> *Amiga, eu não quero mais fazer política.*
> *Eu quero me concentrar totalmente no universo das artes*
> Hilton Cobra

> *Concordo. Vá. Porque é lá que você melhor fala.*
> Luiza Bairros

Estas foram as minhas palavras pra Luiza Bairros, em Porto Alegre, em 2016, mais notadamente, se não me engano, em maio de 2016, quando ela já estava no hospital. E lá estive e lá eu falei com ela isso, que eu queria me concentrar na arte. Ela me disse sim.

Pra ficar mais fácil pra mim, eu quero voltar aos anos de 1977 e eu posso errar se é 77, se é 76, 77 ou 78, mas é quando Luiza, ainda morando em Porto Alegre, ia com uma turma grande de amigos passar as férias em Salvador, todo um pessoal da área de administração. E aquele encontro de estudantes, decerto, é que promoveu esse encontro das pessoas de administração de Salvador com as de Porto Alegre.

E ocorria que, quando Luiza, eu acho, começou a pensar, de fato, em se transferir de Porto Alegre pra Salvador, ela ia com mais frequência ainda e eu me tornei amigo dessas pessoas todas e, desses amigos de Luiza de Salvador, eu era o mais constante com Luiza, porque eu era aquela figura que ficava mais desempregado. Então, eu tinha mais tempo de circular por Salvador e mais tempo de conversar com essa amiga. Olha que luxo! Que luxo as nossas tardes enormes, imensas, maravilhosas e solares, conversando sentados nas pedras do Farol da Barra, onde ela dizia que o pôr do sol da Bahia era bonito, mas não havia pôr do sol mais bonito que o de Porto Alegre. Evidentemente que eu não contrapus, principalmente porque eu não conhecia o pôr do sol de Porto Alegre.

Ali eu já sentia a potência dessa pessoa Luiza Bairros, no universo da cultura, no universo da arte. Ali, eu tinha certeza que eu estava diante de uma intelectual. Eu tinha certeza, também, que essa mulher ia ser uma das figuras mais importante – se não a figura, a pessoa mais importante – da minha vida, sobretudo no aspecto racial. A questão das trajetórias raciais, sem dúvida, Luiza, com a cultura que tinha, com a cor que tinha e com a militância que tinha, de fato, ela abriu o espaço. Ela que me fez um homem preto. Ela que me fez um homem preto, e preto consciente da minha negritude.

Nós estamos aqui pra falar do universo da arte na qual ela esteve envolvida. Eu estava entrando... iniciando os meus hoje quarenta anos como artista. Comecei a trabalhar em 1977; circular muito e trabalhar em 78, já dentro do teatro Carranca, que era liderado pelo Luiz Marfuz, onde Luiza teve oportunidade e nós o privilégio de termos Luiza contribuindo na produção do espetáculo que foi fundamental para a minha vida e também para o teatro Carranca. Seu primeiro grande sucesso, *Solta minha orelha*, era um espetáculo que era resquício da época do Golpe de 1964. Um espetáculo criado por todos nós, organizado e dirigido por Marfuz, onde questionávamos todas as instituições daquela época que nos faziam... Como é que vou dizer? Faziam retroceder, faziam com que nós não tivéssemos o crescimento devido, o crescimento intelectual, artístico, cultural, ou seja, a busca do bem viver.

Luiza contribuiu também para a produção dos espetáculos *Solta minha orelha* e *Língua de Fogo*, que – olha só que coisa boa do destino – deve ter sido o primeiro espetáculo de estética negra de que eu participei. Era o primeiro espetáculo de estética negra e o único do teatro do Grupo Carranca e ali Luiza Bairros foi uma das colaboradoras suprema daquela produção. Tanto é que nos nossos programas nós estamos ali na área de agradecimento. Naquela época não tinha muito de botar assistente de produção, auxiliar de produção. Estava no agradecimento. Tem esses registros em cartaz e em jornal da época.

Lembro muito bem que nós saímos dos ensaios do *Solta minha orelha*, já quase para estrear, e passamos quase que toda uma noite saindo do Instituto Cultural Brasil Alemanha (ICBA) ali, no Jardim do Campo Grande, discutindo. Discutindo teatro; discutindo o que a gente estava fazendo; discutir essas questões das instituições que oprimiam; discutindo exército, casamento, Igreja. Tudo isso que a dramaturgia de *Solta minha Orelha* estava levantando.

Eu me lembro como hoje, Luiza sentada no banco do Jardim do Campo Grande. Devia ser uma, duas horas da madrugada, discutindo a nossa dramaturgia, o que é que nós estávamos levando. E sempre

Luiza, com a voz muito forte. Para além da voz forte, ali já era um pensamento muito forte.

Lembro, também, de Luiza ajudando a gente a colar cartazes para a nossa divulgação. Colar cartazes de madrugada pelas ruas de Salvador. A partir de meia-noite nós saíamos com cola (risos), balde de cola e cartaz para colar os cartazes nas paredes de Salvador, e a polícia passava, prendia o material, questionava a gente... Não prendia a gente. Ninguém foi preso por isso, mas enchia o saco. Lá estava Luiza, dando aquela força e aquele apoio absolutos para a concretização da arte na linguagem teatral, e mais: sabendo que ali nós estávamos combatendo golpes, racismo... O tema do racismo não era uma coisa muito forte, à época. Eu creio que nem na própria Luiza, em 1978. Mas é algo que eu não posso afirmar; ai de mim, nem sabia que era preto naquela época...

Abro aqui um espaço sobre o Fórum de Performance Negra. Como nasce o Fórum de Performance Negra? Nasce da Marcha Zumbi +10, de 2005, coordenada pelo escritor, poeta e militante Edson Cardoso, em Brasília. Ele me propôs, na época, uma performance coletiva para ser apresentada durante a Marcha, no seu percurso. Não conseguimos criar para a Marcha, mas ficaram umas coisas instigantes, fruto das conversas que tivemos durante a Marcha, cujo sucesso foi extraordinário; de volta ao Rio de Janeiro, onde moro, propus à Cia dos Comuns e ao Bando do Teatro Olodum – com coordenação da Márcio Meireles, Chica Carelli, Luiza Bairros e eu, com colaboração da escritora e poeta Leda Martins – realizarmos um encontro nacional de diretores de teatro e dança para que pudéssemos discutir e elencar as nossas necessidades e, a partir daí, propor políticas públicas para os Estados, Municípios e Federação. Políticas capazes de dar conta das nossas demandas no universo das artes cênicas e a busca de uma política cultural de Estado, inclusiva, honesta e, verdadeiramente, democrática.

A Comuns já existia, o Bando, obviamente, também sim, mais velho. Márcio Meireles e Chica Carelli, pelo Bando de Teatro Olodum, e eu, Cobra, pela Companhia dos Comuns; Luiza Bairros, vamos dizer assim, eu posso até botar Luiza como cota da Companhia dos Comuns mas, na verdade, era por conta dela mesmo, por ser ela a Luiza, e a querida Leda Martins. Essas pessoas tornaram-se coordenadores do Fórum de Performance Negra. Isso tudo enriquecido, e muito, pelos atores e atrizes da Comuns e do Bando de Teatro Olodum.

Assim, toda a produção do Fórum era nossa, todo pensamento era nosso. E aí, Luiza foi, de novo, uma figura fundamental. Reuniões de diretores e diretoras do grupo de teatro e de dança negra do Brasil todo, para que a gente pudesse discutir entre nós, elencar as nossas necessidades e demandas, a partir daí propor políticas públicas para o Estado, para o Município e para a Federação. Esta era a ideia do Fórum e da Akoben. Ou seja, em busca de uma política cultural de Estado, inclusiva, honesta e verdadeiramente democrática.

Bom lembrar que, sempre ao final de cada Fórum, elaborávamos uma Carta na qual eram colocadas percepções e demandas em relação às políticas para a arte negra e, em todas, Luiza contribuiu; todas as cartas finais do Fórum eram apresentadas para o Ministro Gilberto Gil, para o Presidente da Palmares, professor Ubiratan Castro e tantos outros que foram chegando… o Secretário Juca Ferreira, depois Ministro Juca Ferreira. Todas essas cartas tiveram o dedo, se não a cabeça de Luiza. Isso que Luiza tinha de trazer, de botar no papel, botar na escrita.

Então, tudo que pensávamos no Fórum, enquanto Política Cultural, teve a participação de Gustavo Mello, e os subsequentes Gustavo Melo, que é da Comuns, passou a organizar sozinho.

Todas as demandas eram, sim, discutidas com a presença de Luiza Bairros. Ela, simplesmente, sempre deu o comando para todos e todas dentro do Fórum, com a sabedoria absoluta de ouvir, de recusar coisas e de aproveitar os pensamentos daquelas pessoas que estavam em torno do Fórum. Quer dizer, não seria possível ter a presença que Luiza teve, sem ter uma profunda ligação com o mundo das artes, uma profunda ligação com o universo cultural, sem ter o entendimento, absolutamente profundo, do que é que significa a Cultura para a construção de uma nação, sem ter absoluta certeza, também, do que é que significa a arte, a arte na desestruturação, nos desentendimentos, nas indisciplinas de uma nação. Isso era Luiza Bairros. E, sem dúvida, acho que o Fórum da Performance Negra também ajudou e muito a própria Luiza a fortalecer a sua gestão enquanto Secretária da SEPROMI na dimensão da Cultura e, sobretudo, fortalecer, enquanto ministra da SEPPIR, as ações voltadas para a Arte Negra no país.

Eu gosto do que faço no mundo das artes em prol da luta antirracista e tenho certeza que devo isso a minha AMIGA!

Obrigada, Luiza Helena de Bairros.

Feminismo negro

Sem abandonar a pauta da desigualdade racial no mercado de trabalho, a partir do ano 1990,[34] Luiza amplia o seu foco de investigação na direção da temática do feminismo, iniciando um fecundo ativismo político-intelectual.

Para além da disputa que já tinha iniciado dentro do Movimento Negro e, particularmente, no MNU, por força da sua inserção acadêmica no mestrado de Ciências Sociais, ela se aproxima do Núcleo de Estudos Interdisciplinares sobre a Mulher (NEIM), no qual publica, em 1990, "A Mulher Negra e o Feminismo", texto apresentado no Seminário Nacional *O Feminismo no Brasil – Reflexões teóricas e perspectivas*.

Na citada entrevista concedida a Sonia Alvarez,[35] em 2011, e publicada na *Revista Estudos Feministas*, quando já Ministra da SEPPIR, apresenta a versão da sua iniciação na luta feminista. Disse ela: *Toda a minha militância se deu em primeiro lugar no Movimento Negro. E, pelas contradições que aí a gente identificava nas relações entre homens e mulheres militantes, passamos, sob a influência de Lélia Gonzalez, a nos reunir em um grupo de mulheres negras.*[36]

É a partir daí que ela começa a refletir sobre as categorias Racismo e Sexismo, como se pode ver nesta citação: *Se você especifica o racismo, tem uma possibilidade maior de dar conta das questões das mulheres negras mais do que quando você especifica o sexismo. Nesse sentido, para nós, Durban é muito mais definitivo do que Beijing.*[37]

---

[34] O primeiro texto na temática identificado por mim foi a participação na publicação *Relatório do Seminário Nacional: O Feminismo no Brasil – reflexões teóricas e perspectivas*, de 1990, organizado por Cecilia Sardenberg e Ana Alice Costa.

[35] ALVAREZ, Sonia, Feminismos e Antirracismo: entraves e intersecções. Entrevista com Luiza Bairros, ministra da Secretaria de Política de Promoção da Igualdade Racial, 2012.

[36] *Idem*, p. 835.

[37] *Idem*, p. 840.

Atenta às mudanças que estavam ocorrendo dentro do movimento feminista negro, ela afirma: *Você começa a assistir a um processo que a gente ainda não discutiu tanto quanto deveria no qual vão se especificando outras identidades entre as mulheres negras [...]*.[38]

Antes, o caminho era de se constituir enquanto mulher negra, mas agora o que se desenha é para se especificar quem são essas mulheres. Mulher Negra deixa, assim, de ser uma categoria universal. São agora mulheres quilombolas, de terreiro, jovens, lésbicas, etc. E, consequentemente, surge o que ela denomina de *múltiplas possibilidades de organização política da identidade negra*. São círculos que vão se formando em torno de um mesmo núcleo para pensar a identidade de mulher negra. A luta se fortalece, mas a partir de diferentes lugares.

A seguir, Vilma Reis nos oferece um roteiro da trajetória de Luiza no que ela denomina de escola de pensamento do feminismo negro.

Depoimento: Conversa com Luiza Bairros sobre o feminismo negro
Vilma Reis

Peço licença à Ancestralidade para falar de nossas construções no feminismo, a partir de Luiza Bairros, que segue nos inspirando, e será sempre uma bem lembrada em nossas revoluções.

Hoje são 25 de julho de 2021, dia de celebração e de femenagem[39] a todas as mulheres negras latino-americanas e caribenhas, dia de celebração nacional no Brasil a Tereza de Benguela, e eu escrevo para celebrar a memória de uma mulher que, com a força de seu pensamento feminista insurgente, com suas ideias potentes de transformação política nos trouxe até aqui, nos organizou e segue sendo inspiração para muitas de nós. Isso para fazermos as lutas necessárias para afirmar um projeto de sociedade brasileira, talhado na força do Feminismo Negro.

Seu nome é Luiza Bairros, aquela que, há 40 anos, nos dá caminhos para entendermos que o tema de centralidade na sociedade

---

[38] *Idem*, p. 841.

[39] Quando falamos em femenagem, na disputa do léxico, estamos confrontando com a ideia de homenagem, celebrando as mulheres, fazendo femenagem, celebração em feminino-feminista, lembrando que as palavras têm o poder de manter ou de transformar o mundo em que vemos e vivemos.

brasileira é o racismo articulado com o sexismo e a opressão de classe e, por isso mesmo, precisamos construir respostas contundentes para enfrentar este fenômeno que, desde sempre, nega direitos, especialmente às mulheres negras.

Contemporaneamente, nós, feministas negras, afirmamos: *a nova estética política é com as mulheres negras*, herdeiras da tradição da qual Luiza faz parte. Fiéis ao pensamento de Luiza, fica evidenciado que a democracia popular, ampla e com real afirmação de direitos para toda sociedade brasileira, é um projeto potente, engendrado por lideranças negras, que se dedicaram e se dedicam a construir uma sociedade sem racismo, a partir de uma escola de pensamento do feminismo negro, sendo Luiza Bairros uma de suas grandes expoentes.

Desde julho de 2016 que fazemos muitas femenagens a Luiza Bairros, que deixou uma lacuna difícil de ser preenchida, tendo ela partido um ano depois da Marcha das Mulheres Negras, de 2015. Esta Marcha, realizada sob a liderança das mulheres negras brasileiras e que contou com a participação e contribuições de Luiza – pela sua relevância, cada vez mais me leva recorrer ao seu pensamento, suas ideias, seus escritos, para explicar o mundo que vemos e no qual vivemos. Esse recorrer ao pensamento de Luiza acontece porque, de alguma forma, a força de Luiza Bairros nos ajuda a ver como ela sempre viu, afinal, Luiza é lembrada por nós como alguém muito perto, uma ancestral, como se comentava na Bahia do século XIX, que está muito perto da gente, pois da fornalha da qual ela foi construída, a gente também provou, viveu e vivencia.

Quando o mundo se move com a força dos Movimentos das Mulheres Negras, no Brasil, nós estamos unidas pois mais do que nunca, a experiência das mulheres negras conta na nossa leitura sobre o mundo em que vivemos, evidenciando o que tanto vale para o feminismo negro: a experiência em campo aberto. Dessa maneira, nós sentimos a necessidade de interpretar este mundo a partir da nossa vivência; e uma das grandes intérpretes desta forma de ler os desafios sociais pelos quais estamos passando não está mais neste plano para nos ajudar a entender este tempo. Exatamente ela, que não perdia uma palavra numa análise de conjuntura...

Desde 1979, as pautas do movimento de mulheres negras na Bahia ou no Brasil foram enriquecidas pela força das ideias de Luiza Bairros; não por coincidência, para falar do feito do feminismo negro nas Américas, ela é uma das grandes para nos mostrar os caminhos da desobediência ao patriarcado e à brutalidade colonial; são estes os exemplos que estão estampados no texto da entrevista realizada com Luiza que a *Revista Desafios do Desenvolvimento*, do IPEA, em dezembro de 2011, publicou e, agora, será republicado no livro *A Radical Imaginação política das mulheres negras brasileiras*.

No texto "Nossos feminismos revisitados", de 1995, publicado pela *Revista Estudos Feministas*, Luiza Bairros partiu da leitura da realidade, do que estava acontecendo com as mulheres negras ao seu redor: o racismo articulado com o machismo e os horrores do capitalismo. Este é um texto clássico e, quase 30 anos depois da sua publicação, ele nos serve como um importante instrumento teórico para entendermos as várias escolas de feminismo e, em especial, a escola feminista negra; esta escola, ao se mover com conceitos como *Mulher*, pensa a natureza feminina como se o mundo se explicasse mesmo no binarismo de homem e mulher e, por outro lado, como se todas as mulheres fossem parte de uma natureza dada como categoria universal.

Mas, o feminismo partiu para entender as experiências vividas pelas mulheres, em que maternidade e sexualidade já foram destacadas como formas de explicar as diferenças; e esta apreensão, focada nestes pilares, levou à afirmação clássica de que o pessoal é político e, desta explicação, derivam muitas escolas do pensamento feminista.

E são estes caminhos que buscavam transformar as categorias *mulher, experiência* e *política pessoal*, nas abordagens *do feminismo socialista*, que, como bem destaca Luiza, partem do referencial teórico marxista, analisando a base material da demonização masculina, bem como nas abordagens do *ponto de vista feminista*, que já trazia as diferenças de pressão dentro dos grupos de mulheres, destacando que brancas e negras vivenciam de formas diferentes a raça, gênero, classe e sexualidade, formas de opressão revisitadas por Luiza Bairros.

Aqui estão os caminhos para compreendermos como as mulheres negras vivenciam o gênero através da raça, o que se transforma em centralidade para as bases da organização de uma luta feminista negra, pela forma do que Luiza Bairros identifica como dimensões inseparáveis e ponto de partida para as lutas contra o sexismo e contra o racismo, abordagem semelhante que assumiu ao organizar o Dossiê da 3ª Conferência Mundial Contra o Racismo, publicado em 2002, na *Revista Estudos Feministas*. Nele nos apresenta o pensamento de Kimberlé Crenshaw, potencializando reflexão e ação, sendo as bases de formulação do feminismo negro, dentro dos estudos que destacam a teoria do ponto de vista feminista, sendo o feminismo negro uma de suas grandes correntes, que faz o trabalho político de evidenciar que as opressões vividas pelas mulheres não são semelhantes, como destaca Luiza Bairros, parafraseando bell hooks.

Considera ela que o poder patriarcal se alimenta do sexismo e do racismo, sustentados em bases ideológicas de dominação racial e de gênero, assim como em marcadores de inferioridade e superioridade, e a vida das mulheres é banalizada. Daí a relevância de compreender como estas relações se estabelecem em sociedades superracializadas, como o Brasil, onde o negacionismo do escravismo e todas as brutalizadas se materializaram na vida e existência das mulheres negras. Por isso, nos diz Luiza Bairros em seu texto de 1995, "Nossos Feminismos Revisitados":

> Feminismo é o instrumento teórico que permite dar conta da construção de gênero como fonte de poder e hierarquia que impacta mais negativamente sobre a mulher. É a lente através da qual as diferentes experiências das mulheres podem ser analisadas criticamente, com vistas a reinvenção de mulheres e de homens fora dos padrões que estabelecem a inferioridade de um em relação ao outro.[40]

Ora, se temos um padrão de organização política baseado no desafio que as mulheres negras estabelecem de enfrentamento à hegemonia do homem branco, são pilares constitutivos do feminismo negro, destacados por Luiza Bairros, em diálogo com a teoria de imagem de controle de Patricia Hill Collins, que contempla:

1. O legado de uma história de luta;
2. A natureza interligada de raça, gênero e classe;
3. O combate aos estereótipos ou "imagens de controle";
4. A atuação como mães, professoras e líderes comunitárias;
5. A "política sexual".

---

[40] BAIRROS, Luiza, Nossos Feminismos Revisitados, *Revista Estudos Feministas*, n.º 3, 1995, p. 458-463.

São aspectos destacados por Collins e retomados por Luiza Bairros para explicar de onde se alimenta o feminismo negro e como estes marcos nos dão os instrumentos para compreender como feministas negras, contemporaneamente, constroem lutas por uma agenda de direitos, de forma autônoma e muito potente.

Em 2013, durante a realização da III Conferência Nacional de Promoção da Igualdade Racial, Luiza Bairros recorre a texto de uma obra da escritora afro-americana Toni Morrison – o livro *Paraiso*, que narra como, no contexto do Sul dos Estados Unidos, no pós-abolição, populações negras inteiras eram jogadas à própria sorte e tinham que construir as cidades, mover a imaginação e construir a própria possibilidade de ter qualquer futuro e esperança. Assim, Luiza Bairros retoma a frase *"Só venham se estiverem preparadas"* como uma forma de mostrar em que condições estava a população negra e, ao mesmo tempo, para abrir um diálogo para dentro e para fora do governo, em interlocução com a sociedade. E, ainda, com esta frase, nos dizia que as mulheres negras, formadas nos cinco pilares supracitados de constituição do feminismo negro, estavam preparadas.

A resposta veio dois anos depois daquela histórica sessão da Conferência de Igualdade Racial. Aquele anúncio se materializou com a realização da Marcha das Mulheres Negras em novembro de 2015, a qual passou por um longo processo de mobilização e construção, movimentando todos os Movimentos de Mulheres Negras em cada cidade, se constituindo em fato histórico marcante da centralidade raça e gênero na resolução dos grandes desafios das iniquidades e assimetrias raciais e de gênero na sociedade brasileira.

É na margem que, historicamente, vivem as mulheres negras; e é da margem que construímos as bases do feminismo negro, enquanto potência para um projeto político que incorpore o ponto de vista das mulheres negras, por meio de uma agenda inegociável de ações programáticas que, com muita imaginação política, secularmente tem sustentado a possibilidade de termos uma sociedade baseada em democracia popular, com o direito de as mulheres negras serem parte constituinte da fotografia do poder político, da fotografia do mundo do trabalho de qualidade, de modo que, pela força da cosmovisão ancestral das Yalodês, possam erguer a voz e mostrar que a nossa presença nas condições visibilizadas não deve ser encarada como subordinação; ao contrário, aqui só estamos pela desobediência ao patriarcado, por todas as lutas insurgentes, por toda nossa potência de elaboração política, mesmo nos momentos mais adversos.

Viva Luiza Bairros e todo o seu pensamento insurgente de feminista negra!

Diáspora africana e democracia

Na sua volta dos Estados Unidos, a partir de articulações que lá construiu com organizações negras, Luiza implementou, no Centro de Recursos Humanos (CRH) da Universidade Federal da Bahia, onde era Pesquisadora Associada, o projeto Raça e Democracia, em parceria com a National Conference of Black Political Scientists (NCOBPS).[41]

Este programa, que ela coordenou, era de intercâmbio entre pesquisadores afro-americanos e estudantes afro-brasileiros, cujo ápice aconteceu entre 22 e 26 de maio de 2000, em Salvador, e cujos principais resultados compuseram o Dossiê: Raça e Democracia nas Américas, publicado no Cadernos CRH.[42]

Na Apresentação do Dossiê, Luiza explicita os objetivos do projeto, como segue:

---

[41] "**A Conferência Nacional de Cientistas Políticos Negros (NCOBPS)** é organizada para estudar, aprimorar e promover as aspirações políticas dos afrodescendentes nos Estados Unidos e em todo o mundo. Visa contribuir para a resolução dos inúmeros desafios que os negros enfrentam. Nossa organização promove a pesquisa e a análise crítica de tópicos geralmente esquecidos e / ou marginalizados nos estudos de ciência política. Acreditamos que nossa bolsa de estudos deve abordar questões abrangentes do 'mundo real' e não as preocupações estreitas e frequentemente fabricadas da disciplina" (Disponível em: https://bit.ly/3mnyJsO. Acesso em: 24 ago. 2020).
"O Projeto Raça e Democracia trata da capacidade de participação democrática rotineira na governança e na vida pública por populações de ascendência africana na América do Norte e do Sul e no Caribe. O projeto examina como as populações de ascendência africana podem participar da votação, elegendo funcionários públicos para o cargo, tanto de forma descritiva quanto substantiva, e como eles podem incentivar o reconhecimento rotineiro do interesse de seus grupos no setor público e pelo setor público. A primeira fase deste projeto foi lançada no início dos anos 2000 como um programa de pesquisa colaborativa com acadêmicos afro-brasileiros" (Disponível em: https://www.ncobps.org/. Acesso em: 2 abr. 2020).

[42] BAIRROS, Luiza, Introdução, 2002.

Essa iniciativa começou a ser gestada muito antes, ainda em meados dos anos 90, quando participei de vários encontros com um ativo grupo de pesquisadores da NCOBPS. Entre eles, alguns já desenvolviam pesquisas sistemáticas sobre política racial no Brasil. Outros vinham se aproximando do tema pelo interesse em estudos comparativos. Em nossas conversas, grande parte das preocupações girava em torno da necessidade de estimular a reflexão sobre temáticas ainda pouco exploradas no Brasil, particularmente nas ciências políticas. Isso porque entendíamos ser essa *área* das ciências sociais que ainda se mostra mais refratária a reconhecer o racismo como um elemento estruturante das relações estabelecidas na sociedade brasileira.

Os textos que compõem o Dossiê refletem a ampla, rica, diversa e complexa problemática que formatou o projeto:

- Michael Mitchell, "Atitudes Raciais: explorando possibilidades de comparação entre Brasil e Estados Unidos";
- Cloves Luiz Pereira Oliveira, "O Negro e o Poder no Brasil: uma proposta de Agenda de Pesquisa";
- Vera Lúcia Benedito, "Ações Afirmativas à Brasileira: em busca de consenso";
- Ollie A. Johnson, "Explicando a extinção do Partido dos Panteras Negras: O papel dos fatores internos".

Além desses textos que compuseram o Dossiê, mais três artigos foram publicados:

- Muniz Gonçalves Ferreira, "A engenharia da subordinação. Os Estados Unidos e o subdesenvolvimento africano das décadas de 80 e 90";
- Sílvio Humberto dos Passos Cunha, "As relações econômicas Brasil-Angola (1975-1988)";
- Tainar de Cássia, "Movimento Negro de Base Religiosa: a irmandade do Rosário dos Pretos".

O impacto das múltiplas ambiências nas quais esteve envolvida, na sua passagem pelos Estados Unidos, e a percepção dos afro-americanos com quem ela estabeleceu uma profícua troca intelectual, estão registrados por Silvio Humberto, que participou do projeto Raça e Democracia, e nos deu um belo depoimento acerca das repercussões da presença de Luiza entre os norte-americanos, e também, entre os participantes do Projeto Raça e Democracia.

A experiência de Luiza com a NCOBPS nos foi relatada por Felipe Feitas e Ana Flávia M. Pinto, no texto publicado na revista do CEAO já referida, na qual afirmam que o contato de Luiza com a instituição vem desde o início dos anos noventa, quando participou de Seminários que a instituição promoveu no Brasil.[43] E que, um ano antes, em 1992, publicou o artigo "The Black Question in Brazil: Old Myths and New Challenge" no *Conexões*, informativo do Projeto de Pesquisa em Diáspora Africana (African Diaspora Research Project – ADRP), da Universidade do Estado de Michigan, publicação da organização. Em novembro de 1993 no *Conexões* dava as boas-vindas a Luiza Bairros, que estava por ingressar no Doutorado em Sociologia naquela instituição, com financiamento do Programa Latino-Americano de Bolsas da Latin American Scholarship Program of American Universities (Laspau).

Assim, Felipe Freitas e Ana Flávia M. Pinto desvelam a trajetória inicial de Luiza nos Estados Unidos:

> Algo interessante de se ressaltar *é* que os números desse boletim representam um caminho interessante para se identificar pontos e acompanhar o desenvolvimento de uma rede de interlocução entre pensadores/as negros/as que, fundamentados na ideia de diáspora africana, estabeleceram diálogos em perspectivas comparativa e transnacional. A título de ilustração, naquele mesmo número de 1992, dava-se ainda destaque para *à* realização de dois encontros promovidos no Brasil, com financiamento da Fundação Ford.
> O primeiro deles foi o Seminário Internacional "Racismo e Relações Raciais nos Países da Diáspora Africana", promovido pelo Centro de Estudos Afro-Asiáticos, então sob a direção de Carlos Hasenbalg, na Universidade Candido Mendes, no Rio de Janeiro. Ruth Hamilton – que viria ser sua orientadora da Tese de Doutorado – esteve presente nesta ocasião e apresentou a comunicação "Race, Nation and Identification: Articulating Principles of Social Inequality and Racism". O outro foi dirigido por Milfred Fierce, historiador e

---

[43] FREITAS, Felipe, PINTO, Ana Flávia M., Luiza Bairros, uma "bem lembrada" entre nós: 1953-2016, 2017, p. 245-246.

diretor do Departamento de African Studies do Brooklyn College, CUNY, Nova York, e conselheiro do ADRP. Do Rio, o grupo seguiu para Salvador, onde teve reuniões com pesquisadores, líderes comunitários e de organizações populares – terreiros de candomblé e blocos afro.[44]

O artigo intitulado "Orfeu e Poder: uma perspectiva afro-americana sobre a política racial no Brasil", que Luiza publica na *Revista Afro-Ásia* número 17, de 1996, quando estava cursando o doutorado na Michigan State University, é uma crítica contundente ao livro – provocativo, como ela o nomeia – de Michael Hanchard, publicado em 1994, tendo como pano de fundo os *limites e as possibilidades de trocas que se efetuam na diáspora africana*.

Para fins dessa resenha, gostaria de destacar algo que possa passar despercebido ao leitor menos atento: a referência que ela faz em nota de pé de página, aos cientistas políticos afro-americanos que, nos anos 1970, *centraram suas preocupações sobre o papel do Movimento Negro na política brasileira* – tema que andava *esquecido ou maltratado*. A referência a diversos estudiosos demonstra o quanto ela estava envolvida na temática da Diáspora.[45] O que também foi destacado por Felipe Freitas e Ana Paula Magalhães, quando afirmam:

> Ou seja, o tempo nos EUA contribuiu para que, em vez de se fechar em seu próprio modo de refletir sobre o fazer a ação política negra contra o racismo, ela amadurecesse a capacidade de lidar com o que existia no movimento social e outros espaços de pensamento e poder, em sua multiplicidade, e, buscasse meios de otimizar os benefícios dessas diferenças.[46]

Essa sua crítica ao trabalho de Hanchard está organizada nos seguintes tópicos: Culturalismo: a diáspora como problema; Analisando o Movimento Negro; Hegemonia racial; 1988 ou a comemoração que não houve; e Orfeu e Poder.

---

[44] FREITAS, Felipe, PINTO, Ana Flávia M., Luiza Bairros, uma "bem lembrada" entre nós: 1953-2016, 2017, p. 41.

[45] Cita Michael Mitchell, que participa depois no Seminário Raça e Democracia que promoveu na UFBA, David Covin, Pierre Michel Fontaine e George Andrews.

[46] FREITAS, Felipe, PINTO, Ana Flávia M., Luiza Bairros, uma "bem lembrada" entre nós: 1953-2016, 2017, p. 251.

Destaco, dentre as duras críticas que Luiza faz à visão de Hanchard, a que se refere ao Movimento Negro estar sempre *olhando para traz* e, portanto, deva mudar sua orientação política muito centrada numa visão de mudança social que se tornou inadequada após o colapso do projeto socialista na África, América Latina e Caribe. O Movimento Negro, dessa forma, deve *tornar-se menos diaspórico e mais nacional*.[47] Advogando a nacionalização do Movimento Negro, Hanchard, *se coloca na contramão da história do negro no mundo*.[48]

Ao concluir com a citação de Ralph Ellison ("Não é cultura que une os povos que são, em parte, de origem africana, agora espalhados em todo o mundo, mas uma identidade de paixões"), de forma emocionante, Luiza desvela o que a torna intransigente defensora da história do Movimento Negro brasileiro e *repudia* as conclusões sobre a história dessa organização. Que, afinal, era a história dela, Luiza.

Voltando ao Programa Raça e Democracia nas Américas, nunca é demais lembrar a sua importância para aqueles e aquelas jovens que tiveram o privilégio de dele participar. Assim, o depoimento aqui apresentado por Silvio Humberto, um desses jovens negros, é eloquente no sentido de dar a dimensão da sua importância, não apenas para ele mas, também, para todos/as os/as outros/as participantes, mas, fundamentalmente, à organização norte-americana parceira do projeto. Esse é mais um relato que revela a capilaridade da atuação política de Luiza. Vamos ao depoimento de Silvio Humberto:

Depoimento: Trovão da consciência: um breve relato sobre Luiza Bairros e o Programa Raça e Democracia nas Américas

Silvio Humberto

Escrever sobre Luiza Bairros nesses tempos pandêmicos é muito difícil, por mais que o nosso entendimento espiritual nos conforte dizendo: ela é energia ancestral, o tempo e o espaço não são barreiras, podendo, ela estar aqui e/ou acolá. Contudo, fazem falta e muita falta, suas

---

[47] BAIRROS, Luiza, Orfeu e Poder: uma perspectiva afro-americana sobre a política racial no Brasil, 1996, p. 185.
[48] *Ibidem*.

análises precisas, firmes, preciosas e também acolhedoras. Ela é aquela militante de corpo e alma como muitos que a antecederam e ainda permanecem entre nós. Dotada de um senso crítico apurado e alta capacidade de proposição e formulação, era aquela militante que conseguia *enxergar atrás da esquina*, justamente o que precisamos para ultrapassar esses tempos de negacionismo e perversidades.

É dessa forma que compreendo a sua participação na criação do programa Raça e Democracia nas Américas, maio de 2000, que uniu o vigor do acúmulo da experiência militante negra brasileira e feminista negra com a experiência acadêmica vivenciada durante o período de doutoramento na Michigan State University, mais o feliz encontro com a Associação Nacional dos Cientistas Políticos Negros (NCOBPS). Destaco os professores David Covin, K. C. Morrison, Michael Mitchel (falecido), Olhie Johnson, Dianne Pinderhughes, James Steele. Ela vivenciou as especificidades do racismo estadunidense e as formas de luta, (político-acadêmica) do Movimento Negro estadunidense. A experiência ímpar visivelmente ampliou seus horizontes da luta negra brasileira, principalmente, investir para potencializar os quadros negros na academia brasileira, em particular da Bahia. Os resultados são extraordinários, aqueles jovens pesquisadores e pesquisadoras tornaram-se sêniores, professores e professoras universitários, líderes de grupos de pesquisa, políticos, enfim, deu certo.

Luiza Bairros atuou como ponte embasada nos pilares erguidos dentro do que denominava: *não há saídas individuais para o enfrentamento ao racismo, as saídas são coletivas* [...] *somos herdeiros de uma luta histórica, iniciada por muito antes de nós*. Pois é, a nossa Guria faz falta, muita falta, uma vez que estamos a precisar das e dos melhores, em corpo e alma.

Lembro-me das reuniões no CRH-UFBA e da riqueza das discussões entre Luiza e os professores David Covin e K. C. Morrison, para materializar o programa Raça e Democracia nas Américas: Brasil & EUA,[49] evidenciando as nossas convergências bem como as

---

[49] O programa é um projeto NCOBPS. A ideia começou a ser gestada em 1994 entre os membros do grupo Brasil dentro da associação. Entre 1994-1998 foi elaborado um plano de ação fruto de inúmeras discussões consubstanciada em quatro objetivos: 1) trabalho colaborativo, estudos transnacionais nas políticas raciais dos dois países; 2)

especificidades das realidades afro-brasileira e afro-americana. Luiza deu o tom para que houvesse equidade entre nós, infraestrutura, curso de inglês, a ida da delegação brasileira aos EUA. Assim, materializa-se o programa Raça & Democracia nas Américas. O ponto de partida foram dois seminários, o primeiro, em maio de 2000, em Salvador, e o segundo, em julho de 2001, em Sacramento, na California. O seminário envolveu acadêmicos/as, militantes e políticos. O relatório final caracterizou Luiza Bairros como o estímulo catalizador das discussões do grupo Brasil na NCOBPS.

A viagem para Sacramento, em 2001, foi uma experiência deveras importante para muitos jovens pesquisadores/as brasileiros/as que realizavam sua primeira viagem internacional. A viagem insólita, mas com o racismo brasileiro cravando suas marcas já durante o embarque no aeroporto brasileiro, que não estava acostumado com uma delegação negra de acadêmicos/as. Pasmem, já havia chegado o século XXI, sabemos; isso não quer dizer nada para o racismo estrutural. Um episódio marcante foi a atendente perguntar à Profa. Dra. Maria de Lourdes Siqueira *qual era o nome da nossa banda*. A expressão de incredulidade da atendente quando falamos que não era uma banda. O racismo não tira férias!

O seminário foi muito importante, sobretudo para os jovens acadêmicos de ambos os países, iniciando seus passos nas pesquisas, com parcerias acadêmicas em curso até os nossos dias. Em 2018, na UFBA, realizou-se um *recall avaliativo do programa 20 anos depois*, em um seminário organizado pelos professores Cloves Oliveira, K. C. Morrison, Olhie Jonhson e Gladys Mitchel. Ficou demonstrado o êxito do programa a partir do relato das trajetórias de vida de alguns dos participantes do programa *Vidas transformadas!* Esse workshop de estudos se desdobrou em mais dois encontros: em 2019, em Baton Rouge, Louisiana, durante a celebração da 50ª reunião da NCOBPS, e na Notre Dame University, em South Bend.[50]

---

estabelecer o trabalho de mentoria entre pesquisadores juniores e seniores de ambos países; 3) promover bolsas interdisciplinares; 4) encorajar o estudo da ciência política entre os pesquisadores juniores afro-brasileiros. Para mais informações: https://www.ncobps.org/ (Acesso em: 13 out. 2021).

[50] Veja mais em: https://bit.ly/2ZzOfJH (Acesso em: 13 out. 2021).

Afinal, quem foi Luiza Bairros para esse programa estratégico de formação político-acadêmica? Decidi que a melhor forma de responder essa questão seria a partir de relatos pessoais daqueles e daquelas que primaram da sua convivência no programa. Saliento que não foi possível reunir todos os integrantes do Raça e Democracia, contudo os depoimentos recebidos, *Luiza Bairros em um parágrafo*,[51] se revelaram mais que suficientes para termos uma resposta robusta acerca da sua contribuição. Vamos aos relatos; iniciaremos com um dos mentores do programa, David Covin, Professor Emeritus of Government and Ethnic Studies, California State University, Sacramento.

O nosso professor David Covin nos apresenta Luiza *como aquela pessoa que detinha e ainda detém a força da natureza*, definindo-a como o Pilar (*cornerstone*) do programa, o que, em bom baianês, seria *a cumeeira da casa*. Essa força a fez ultrapassar as fronteiras da academia, fazendo pontes muito necessárias e estratégicas com o ativismo negro nas Américas, materializadas em livros, artigos, dissertações, teses, conferências, orientações e relacionamentos. *A liderança de Luiza criou colaborações sem precedentes entre acadêmicos brasileiros e americanos, conferências em ambos os países, na América Central, Equador e Colômbia.*

Seguindo nessa linha, temos o depoimento de K. C. Morrison, professor de Ciências Políticas da University of Delaware, outro importante mentor do programa Raça e Democracia, que evidenciou sua dificuldade em resumir a contribuição de Luiza a um breve parágrafo, certamente uma dificuldade compartilhada por todos que primaram da sua convivência. Recortei um trecho do seu rico relato acerca da liderança e habilidade de Luiza para construir pontes entre pessoas e mundos:

> A base de liderança fornecida por Luiza Bairros deu ao Projeto Raça e Democracia um lugar duradouro no estudo da política racial e nos esforços ativistas para expandir a participação e representação dos afrodescendentes na vida cívica nas Américas.

Ele enfatiza, ainda, que Luiza descortinou um novo universo de pesquisa para alguns cientistas políticos afro-americanos membros da

---

[51] Denominação dada pelo autor Silvio Humberto, para registrar a opinião que os participantes do programa Raça e Democracia tinham sobre Luiza.

NCOBPS. Algo corroborado pela Profa. Dianne Pinderhughes, professora titular dos Departamentos de Estudos Africanos e Ciência Política da Notre Dame University, que juntamente com o saudoso prof. Mark Sower (UCLA), participou do intercâmbio acadêmico na Bahia sobre a supervisão de Luiza Bairros, entre 2004-2005, como parte dos objetivos do programa Raça e Democracia. Em 2016, a Profa. Dianne foi coorganizadora do 24º World Congress of Political Science e, imediatamente, convidou Luiza, uma vez que seria uma excelente oportunidade para colocar o debate das questões raciais na agenda dos cientistas políticos do mundo, entretanto seu estado de saúde não permitia assumir qualquer compromisso. *Foi doloroso, ela não poder voltar ao cenário internacional onde exerceu tanto poder e inspirou tantos como já havia feito em todo o mundo.*

Interessante, também, a arguta sacada do Prof. James Steel, North Carolina A&T State University, que, após um dia do seminário, em momento de descontração nas ruas do Pelourinho, observou o reconhecimento público de Luiza Bairros. *Ela era a rainha em casa, em seu trono, pois parecia que todos tinham que parar, dizer olá e dar-lhe um abraço. A ligação entre Luiza e sua comunidade era óbvia.*

Outrossim, a Profa. Gladys Mitchell, University of Wisconsin-Milwaukee, que originalmente não participou do programa, revela como foi alcançada pelo efeito Luiza: *O trabalho de vida e as pesquisas de Luiza Bairros tiveram um impacto profundo na minha compreensão do ativismo negro e do papel das mulheres negras no ativismo e na política.*

Posteriormente, organizou, em 2017, na conferência anual dos cientistas políticos negros, um painel sobre o seu legado.

> Suas marcas são indeléveis dentro e fora do país: escrita acurada e falas impactantes, aconselhamentos, orientações precisas que estimulavam o ativismo acadêmico. Seu ativismo questionava a academia, não somente no que tange à episteme mas, também, ao público hegemônico do alunado que lá adentrava. Questionava-se, estamos falando pra quem? Caríssima, falaste para muitos negros, brancos, indígenas, pardos, homens e mulheres. É fato, mesmo quem lá estava apenas pela creditação, certamente, não passou incólume a sua voz, aos seus ensinamentos. Tu abriste caminhos e conectaste pessoas e realidades distintas dentro do nosso mundo diaspórico. Sempre

nos sinalizando que as saídas são coletivas e não individuais, para o enfrentamento ao racismo.

Tornou-se uma tarefa impossível trazer à baila o conjunto dos depoimentos dos pesquisadores/as *frutos da* árvore *Raça e Democracia* envolvidos/alcançados pelo *trovão* Luiza, como adjetivou o Prof. José Raimundo Santos (UFRB). Seguem alguns desses depoimentos que se correlacionam aos demais, compondo esse mosaico do Tributo a Luiza Bairros.

Iniciarei com o parágrafo enviado por Cloves Oliveira, Professor Adjunto do Departamento de Ciência Política da UFBA e pesquisador referência nas discussões sobre voto negro no Brasil:

> Se cada um de nós descrevesse como conhecemos Luiza veríamos como sua presença, palavras e ações (sobretudo as políticas públicas que ela se engajou para implementar) influenciaram nossa trajetória de vida. Dessa forma, teríamos os elementos para entender o importante papel que Luiza Bairros teve na formação das *últimas* três gerações de militantes no Movimento Negro brasileiro, intelectuais, acadêmicos e artistas, especialmente na Bahia.

Igualmente, Dyane Brito, professora associada e diretora do Centro de Artes, Humanidades e Letras da UFRB, qualificou o seu primeiro encontro acadêmico – Luiza foi convidada para sua banca do Trabalho de Conclusão de Curso (TCC), – como definidor da sua trajetória como pesquisadora negra. [...] Luiza foi uma grande pensadora, uma intelectual e ativista que marcou e formou gerações. Luiza deixa um legado que foi incorporado por muitas mulheres negras: *não cabemos mais no mesmo lugar, aconteça o que acontecer.*

Vilma Reis, militante feminista negra, socióloga e pré-candidata a prefeita de Salvador em 2020, destaca que Luiza foi pioneira, antecipando o debate sobre Raça e Democracia pelo menos 20 anos antes, e hoje inspira, juntamente com o legado do MNU, a *Coalizão Negra por Direitos* a vaticinar: enquanto houver racismo não podemos falar em democracia.

> Luiza Bairros *é* herdeira de todas as tradições citadas, das que nasceram antes dela, das que brotaram com ela e as lutas que brotam hoje. Luiza Bairros foi capaz de ver além, isto tem a ver com a sólida formação político-acadêmica negra-feminista.

José Raimundo Santos, professor adjunto da Universidade Federal do Recôncavo (UFRB) e ocupante de um cargo na Pró-Reitoria de Políticas Afirmativas e Assuntos Estudantis, foi bem original ao qualificar Luiza Bairros como o Trovão da Consciência Negra. Disse ele:

> Luiza era um trovão de orientação e afirmação de uma condição histórica e social de existência. Era impossível conviver com ela e não compreender esse lugar que nós negros temos que operar e fazer valer na sociedade.

Fiz questão de qualificar os professores e professoras com os seus títulos e cargos para demonstrar a efetividade do programa Raça e Democracia em nossas vidas, um verdadeiro divisor de águas. Lembro-me quando fui procurá-la na sala do programa *Raça e Democracia* no CRH/UFBA para a leitura crítica do segundo capítulo da minha tese. Estava com muitas dúvidas sobre como abordar a relação raça e economia. Ela fez uma leitura crítica do segundo capítulo transformando as dúvidas em certezas, apenas mudando o título de uma das subseções do capítulo. Assim, nos agradecimentos da Tese *transformaste o escudo em lanças e espadas*. Em mais um episódio ilustrativo dessa figura singular, atualmente, sou vereador eleito para o terceiro mandato (2021-2024) da cidade de Salvador. Durante a primeira campanha recebi o apoio de Luiza. Então Ministra-Chefe da Secretaria de Políticas de Promoção da Igualdade Racial, fez um discurso poderoso no lançamento da minha candidatura e disse aos políticos: *vocês estão recebendo uma das joias do Movimento Negro*. Eleito, nos encontramos, por acaso, no largo do Bairro do Garcia, ela não disse uma palavra, somente seu sorriso largo de contentamento disse tudo!

Assim, Guria, trovão da consciência negra, nossos eternos agradecimentos. Tudo de bom!

Marcha Zumbi dos Palmares

Muitas das formulações sobre as temáticas nas quais Luiza se envolveu tiveram origem lá, nos primórdios da sua atuação política no MNU. E isso ela sempre proclamava. Claro que na dinâmica dos processos sociais e políticos, as proposições foram qualificadas e amplificadas. Isso ocorreu, inclusive, na sua passagem pelo Sistema das

Nações Unidas (ONU) dentro da cooperação bilateral internacional, à luz das dinâmicas da atuação do Movimento Negro.

Nessas últimas décadas, as formulações de políticas de promoção da igualdade e combate ao racismo pelo Movimento Negro tiveram um grande momento em 1995, quando da celebração dos 300 anos da Imortalidade de Zumbi dos Palmares. Estando ainda nos Estados Unidos, veio ao Brasil participar dos atos da celebração e, mesmo de longe, deu uma grande contribuição ao processo de construção da Marcha Zumbi dos Palmares, Contra o Racismo, pela Cidadania e pela Vida e à elaboração do documento construído pela Executiva Nacional da Marcha, composta pelos Agentes de Pastoral Negros, Cenarab, Central de Movimentos Populares, CGT, Comunidades Negras Rurais, Central Única dos Trabalhadores (CUT), Força Sindical, Fórum Nacional de Entidades Negras, Fórum de Mulheres Negras, Movimento Negro Unificado, Movimento pelas Reparações, Conun, Unegro e Grucon.

Edson Cardoso, do MNU, na apresentação do documento final da Marcha, descreve o processo de sua constituição e desenvolvimento, apoiado por mobilização em todo o país para a concentração na Praça dos Três Poderes na qual foi feita a entrega ao Governo Federal do documento "Por uma política de combate ao racismo e *à* desigualdade racial".

Este documento é aberto com uma epígrafe assinada por Luiza, que apresenta, de forma enfática, o posicionamento político do Movimento Negro quanto às limitações das políticas para o enfrentamento das desigualdades raciais no país:

> Estamos apostando hoje na possibilidade de disputar não mais espaço dentro de outros projetos para as nossas questões, um que são tidas como menores. Mas nós estamos apostando na possibilidade de que, através de nossas questões, nós consigamos efetivamente tocar, e tocar muito fundo, nas questões que dizem respeito *à* sociedade como um todo.[52]

A Apresentação do citado documento reforça esse posicionamento quando destaca: *Já fizemos todas as denúncias. O mito da democracia*

---

[52] COMISSÃO EXECUTIVA NACIONAL, *Marcha Zumbi dos Palmares, contra o racismo, pela cidadania e pela vida*, 1996.

racial está reduzido a cinzas. Queremos agora exigir ações efetivas do Estado – um requisito de nossa maioridade política.

Maioridade que fica explicitada no Diagnóstico apresentado para os temas da Educação, Saúde, Violência Racial, Relações Exteriores e Democracia, complementado com uma proposta de Programa para a Superação do Racismo e da Desigualdade Racial.

Nesse documento, duas coisas podemos destacar em relação à contribuição de Luiza: o agradecimento especial registrado pela sua participação no processo da Marcha e a epígrafe assinada por ela, citada anteriormente.

Conferência de Durban

Já de volta dos Estados Unidos, no início do século 21, como revela na entrevista a Sonia Alvarez, por pressão do movimento negro é convidada pelo Programa das Nações Unidas para o Desenvolvimento (PNUD) para acompanhar a III Conferência Mundial Contra o Racismo, a Discriminação Racial, a Xenofobia e Intolerâncias Correlatas (Conferência de Durban), na África do Sul, a partir do que, ela afirma que começou a conhecer outras agências internacionais. Dois outros programas ela coordena pelo PNUD, após a Conferência de Durban: o Programa de Combate ao Racismo Institucional (PCRI) e a coordenação da Consultoria à Câmara de Deputados para subsidiar a formulação do Parecer ao Projeto do Senador Paulo Paim que instituía o Estatuto da Igualdade Racial.

A Conferência de Durban teve, na visão de Luiza, o grande mérito de, no seu documento final, colocar, pela primeira vez, os afrodescendentes como vítimas do racismo e ao definir, também pela primeira vez, que o Estado tem a responsabilidade primária de combater o racismo. Dessa forma, o Plano de Ação da Conferência transforma Durban numa plataforma de cobranças ao governo brasileiro: [...] é *Durban o ponto de inflexão no enfrentamento ao racismo* no *Brasil.*

Esta frase de Luiza dita na já referida entrevista a Sonia Alvarez sobre a Conferência de Durban, é uma das mais contundentes sobre o evento. Além dessa, temos a Apresentação que assinou na publicação *Caminhos para a Igualdade nas Relações Raciais*, da Assessoria Jurídica e Estudos de Gênero (THEMIS), de 2002, elaborada com apoio da Fundação Ford, Banco Interamericano de Desenvolvimento (BID) e Ministério da Justiça/Secretaria de Estado de Direitos Humanos. A outra avaliação que ela promoveu sobre a mobilização brasileira para a III Conferência Mundial Contra o Racismo, a Discriminação Racial, a Xenofobia e Intolerâncias Correlatas foi organizada por Joselina da Silva e Amauri Mendes Pereira, denominada Olhares. Foi publicada pela Fundação Cultural Palmares.

Na apresentação do *Caminhos para a Igualdade nas Relações Raciais*, publicação que trouxe uma diversidade de olhares de militantes que estiveram envolvidos(as) na Conferência em todas as suas etapas, ela inicia destacando os *pontos de inflexão* que Durban significou, detalhando quais foram estes no caso brasileiro: em 1978, os esforços de organização de grupos negros que levaram à criação do MNU; em 1988, a pressão dos negros que levou o governo brasileiro a suspender a comemoração da abolição da escravatura e a tipificação do Racismo como crime inafiançável e imprescritível; em 1995, a Marcha Zumbi dos Palmares. A Conferência de Durban em 2001 completaria esse quadro, na medida em que afirmou ser o Racismo um fenômeno de dimensões mundiais que influencia a distribuição de poder e riqueza entre nações e dentro delas.

Durban, foi sim um ponto de Inflexão, entendido como *aqueles que nos permitem saber, ou pelo menos desejar, que depois deles nada será como antes.*

O clima da construção da Conferência que Luiza mostra na entrevista a Joselina e Amauri é corroborado por Edson Cardoso, quando diz que o *Clima de euforia com que saímos do PNUD*[53] *foi enorme, porque ele sinalizou a possibilidade de um diálogo e de ações entre o Movimento Negro e o PNUD durante e depois do processo da Conferência.*[54]

Luiza também mostrou quanto Durban gerou repercussões tanto dentro do Movimento Negro quanto no Movimento Feminista. Como

---

[53] O sociólogo Carlos Lopes era o representante das Nações Unidas no Brasil através do – Programa das Nações Unidas para o Desenvolvimento (PNUD) e teve uma presença muito importante nesse processo.

[54] SILVA, Joselina, PEREIRA, Amauri Mendes, Olhares: sobre a mobilização brasileira para a III Conferência Mundial Contra o Racismo, a Discriminação Racial, a Xenofobia e Intolerâncias Correlatas, p. 25.

disse: as condições políticas para as mulheres negras participarem de forma mais ativa em Durban também se deu pela proximidade com o Movimento Feminista. Ou seja, elas conheciam a *etiqueta* das Conferências Mundiais, o que as mulheres negras não tinham. Foi assim, um aprendizado. A apropriação da experiência de Durban foi fundamental para a criação da SEPPIR.

Combate ao racismo institucional

Após Durban, foi marcante, para Luiza, o PCRI, que foi desenvolvido a partir de uma articulação com o Programa de Cooperação do Governo Britânico para o Desenvolvimento Internacional (DFID).

Essa cooperação permitiu introduzir no Brasil o conceito de *racismo institucional*, tendo Luiza como coordenadora por parte do Governo Brasileiro, a partir de uma articulação que envolveu o PNUD, a SEPPIR e o DFID. Foram parceiros nessa iniciativa o Ministério Público Federal, Ministério da Saúde e a Organização Pan-americana de Saúde (OPAS), sob supervisão da Agência Brasileira de Cooperação (ABC).[55]

O texto a seguir comprova a potência da articulação que se constituiu a partir desse projeto. No documento norteador do programa de 2004, está posto, de maneira explícita, o significado, para o DFID, do Programa de Combate ao Racismo Institucional.

> [...] é parte do trabalho conjunto sobre raça/etnia. O Programa visa trabalhar em conjunto com o PNUD e a OPAS, o Banco Mundial e o BID em Washington, assim como com programas específicos para o país, para desenvolver uma abordagem *à* redução da pobreza na América Latina e no Caribe, através do combate *às* desigualdades que estão na raiz da pobreza. Isto será feito através da focalização na dimensão racial, um dos determinantes chave da desigualdade e da pobreza. Este trabalho será desenvolvido no contexto das políticas públicas no Brasil, especialmente na realidade concreta do Nordeste brasileiro, uma das regiões mais pobres do país. O trabalho no Brasil deverá fornecer subsídios para a melhoria da equidade social através do apoio integrado ao setor público para combater e prevenir

---

[55] O PCRI foi desenvolvido na Prefeitura de Recife, na de Salvador e no Ministério Público de Pernambuco.

o racismo institucional, e *às* OSCs para participar e monitorar esse processo. Estas experiências contribuirão para as políticas públicas de redução da pobreza por meio de políticas de promoção da equidade racial, constituindo subsídios importantes para o aprendizado de lições, o desenvolvimento de estratégias para as regiões da América Latina e do Caribe e para o trabalho com as Instituições Financeiras Internacionais. A elaboração do Programa é o resultado de dois anos de um intenso processo de consulta e colaboração entre diferentes parceiros e atores envolvidos.

A definição do conceito de racismo institucional nos dá de forma eloquente noção da sua importância enquanto instrumento para o combate ao racismo e às desigualdades sociorraciais dele decorrentes, em diversos níveis entre instituições e na relação entre as instituições e as pessoas, pois *racismo institucional é definido como o fracasso coletivo de uma organização na promoção de um serviço profissional e adequado* às *pessoas por causa de sua cor, cultura ou origem* étnica. *Ele pode ser visto ou detectado em processos, atitudes ou comportamentos que denotam discriminação resultante de preconceito inconsciente, ignorância, falta de atenção ou de estereótipos racistas que coloquem minorias* étnicas *em desvantagem.*

> O PCRI teve como Resultado Esperado os seguintes produtos principais: (1) desenvolvimento de mecanismos de combate ao racismo institucional; (2) fortalecimento do diálogo entre governo e sociedade civil; (3) elaboração e implementação de políticas públicas racialmente equitativas; (4) disseminação das lições aprendidas e resultados.
> Dessa forma, a implementação do Programa no Brasil foi conduzida pelo Comitê Supervisor Nacional, responsável pela sua estratégia geral. Este Comitê era presidido pelo MPF/PFDC e composto pela SEPPIR, Ministério da Saúde, PNUD, OPAS e DFID. A execução foi orientada por Assessores e o acompanhamento realizado com o apoio de Comitês Consultivos específicos, dos quais também participam representantes da sociedade civil, do Movimento Negro, dos MPEs e de secretarias estaduais e municipais relevantes.

O DFID, em todo o desenvolvimento do projeto, foi representado pela Consultora Sue Fleming, profissional de intenso compromisso com os objetivos do projeto, parceria fundamental para o sucesso da experiência.

Na referida entrevista a Sonia Alvarez, Luiza assim se refere a essa experiência: *Foi nesse programa que eu comecei a refinar o meu pensamento e a minha prática sobre a ausência de políticas de igualdade racial, e o que impede que isso aconteça dentro das organizações.*

Este programa tinha foco na capacitação de servidores(as) e gestores(as) públicos, já que o objetivo do programa era trabalhar *como o racismo opera, especialmente no setor público*. A parceria com a organização *Amma Psique e Negritude*[56] viabilizou a formação da equipe de Salvador e de Recife. Esta formação foi apoiada na publicação *Identificação e Abordagem do Racismo Institucional*.

Nela, despois da orientação de como realizar a Identificação e Abordagem Metodológica do Racismo Institucional são apresentadas as Etapas a serem desenvolvidas na implementação do PCRI, tais como *Construção do Programa, Formação do Grupo Intersetorial e da Equipe Básica, Sensibilização do Grupo Intersetorial, Diagnóstico do Racismo Institucional, Divulgação do Programa, Elaboração do Plano de Trabalho e Ações para a Sustentabilidade do Programa*. Toda a metodologia privilegia a dimensão subjetiva do racismo, seus aspectos psicossociais, do imaginário, das representações sociais sobre pertencimento étnico-raciais e das vivências de discriminação dos participantes. Segundo Luiza, o PCRI é, *portanto, uma proposta de combate ao racismo que pretende alterar as percepções, lembranças, fantasias e ideias, a partir de vivências e informações.*[57]

O PCRI continha três componentes. À Prefeitura de Salvador coube o de Combate ao Racismo na Saúde; à Prefeitura de Recife, o de Educação e ao Ministério Público Federal (MPF), instituição autônoma em relação aos três poderes da República, coube o papel de atuar junto a instituições federais, fazendo com que essas ajustem suas políticas aos interesses e necessidades dos grupos historicamente discriminados.

A professora Maria Nazaré Mota de Lima nos apresenta um relato da riqueza dessa experiência realizada com servidoras e servidores da Secretaria de Saúde da Prefeitura de Salvador e da Secretaria de

---

[56] Toda a metodologia de abordagem para a implantação do PCRI consta da publicação CRI, *Identificação e Abordagem do Racismo Institucional*, 2006.

[57] CRI, *Identificação e Abordagem do Racismo Institucional*, 2006, p. 11.

Educação de Recife. Destaque-se que a iniciativa do PCRI se transformou em um programa permanente, de Governo, na SEMUR – Secretaria Municipal da Reparação de Salvador. Eis o depoimento da Profa. Nazaré Lima:

Depoimento: Luiza, uma comadre ilustre
Maria Nazaré Mota de Lima

A trajetória de uma mulher como Luiza pode ser acionada de diferentes pontos de vista. Eu fui/sou amiga de Luiza, e nos tratávamos como comadres, sinônimo de cumplicidade, solidariedade, afetividade mútua.

Reconhecida como uma das principais lideranças do movimento negro no país, eu, enquanto sua amiga e companheira, sou testemunha de diversos fatos e atitudes de sua vida, neste sentido. Neste relato, vou tentar trazer um recorte do que emerge na minha memória como bem marcante, enquanto educadora comprometida com a busca da justiça e igualdade racial, campo em que ela atuava como ninguém.

Luiza Bairros era uma mulher que participou ativamente das lutas de enfrentamento do racismo e suas interseções, com intensa coerência política e grande contribuição na área. Feminista negra, uma das mais importantes lideranças no nosso país, secretária de estado e ministra da igualdade racial nos saudosos tempos em que fomos governados por regimes favoráveis à liberdade e justiça sociais.

Sua participação no Movimento Negro e no Movimento Feminista lhe confere um lugar especial na História. Atuando intensamente nos dois lugares, travou embates significativos com homens, que sempre tentavam galgar a hegemonia no Movimento Negro, e também com mulheres, no Movimento Feminista, com sérias dificuldades de assimilar diferenças raciais para as quais ela, Luiza, estava sempre chamando atenção, com veemência, e contribuindo teoricamente para tal.

Invencível na capacidade de refletir, criticar, argumentar, grande conhecedora do contexto nacional e internacional, destacou-se, dentre outros, como consolidadora e defensora de organizações e programas na Bahia em defesa da educação de jovens negros/as, como o *Conexões* de Saberes do CEAFRO/CEAO/UFBA, o Instituto Cultural Steve Biko citando alguns dos quais participei e onde sua contribuição intelectual e política foi singular, constante e extremamente fundamental.

No CEAFRO, sua Consultoria fazia com que avançássemos em questões de fundo que emergiam no desenvolvimento dos trabalhos, a exemplo do imbricamento entre raça-gênero-trabalho, que nos dizia para grafar com hífen, vez que os conceitos deveriam ser pensados como unidade e não como dimensões identitárias de per si. Daí termos a mulher-negra-professora, a mulher-negra-trabalhadora doméstica, dentre outras, como públicos do Programa. Com efeito, a partir dos diálogos travados com ela, a respeito do conceito Interseccionalidade, nossa percepção se ampliou na direção de melhor compreender como as categorias raça-gênero se relacionam, não só para produzir as desigualdades que incidem sobre determinados sujeitos, mas também as potencialidades que se apresentam a partir do lugar que ocupam nas relações sociais, para agir em favor das demandas, intencionalidades e empoderamento de pessoas e grupos em situação de desigualdade e vulnerabilidade.

Sua participação em espaços de governo, com o propósito de instituir políticas públicas para a população negra fez também com que ela confiasse ao CEAFRO incumbências relacionadas à expertise que o caracteriza. Dessa maneira, convidadas por Luiza, atuamos em duas frentes de educação para a igualdade racial e de gênero, com resultados que impactaram os setores de saúde, no estado da Bahia, e educação, em Pernambuco, duas experiências desenvolvidas por meio do PCRI.

O trabalho do PCRI na área de saúde, em Salvador/BA, se deu com vistas a apoiar o processo de institucionalização do tema saúde da população negra na Secretaria Municipal. Nós, do CEAFRO, ficamos responsáveis por realizar Oficinas para sensibilização/formação dos profissionais de saúde de todos os distritos sanitários do município, após e com base em diagnóstico resultante do trabalho da AMMA – Psique e Negritude, que apontava necessidades a serem contempladas na continuidade do trabalho, dentre as quais a identificação e abordagem do racismo na PMS através de formação no tema Racismo Institucional.

A identificação e a abordagem do racismo institucional deveriam ser e foram realizadas a partir de três esferas: relações entre servidores; atendimento a usuários; ações programáticas.

Segundo relatórios da ação, encaminhados pelo CEAFRO, na época, embora a carga horária de cada Oficina tenha sido de apenas 12 horas, estendidas para 16 horas em função do alto grau de motivação e envolvimento dos/as participantes, foi realizado um intenso processo de sensibilização e de mobilização em todos os Distritos, acerca da temática da Oficina. E, com esta abordagem do Racismo Institucional, aconteceu uma mudança de perspectiva dos/as profissionais de saúde, resultado das informações acessadas, das análises das vivências cotidianas, dos debates acerca das situações trazidas pelo grupo e das propostas de ação apresentadas.

Durante as rodas de conversa e socialização de trabalhos em grupo, o argumento de que as desigualdades existentes na sociedade têm a ver com a variável *classe*, aos poucos foi sendo substituído por revelações de que não tiveram a oportunidade de pensar a questão racial como aspecto fundamental para análise das relações sociais.

As histórias não contadas, também aos poucos, foram sendo compreendidas, inclusive, fazendo emergir um sentimento de que os/as demais profissionais de sua Unidade, também, deveriam participar da Formação, ter o mesmo tipo de experiência.

De modo geral, o público foi heterogêneo, o que contribuiu, bastante, para potencializar os resultados previstos. Quando havia mais presença de pessoas negras, a discussão e a metodologia fluíam mais facilmente, porque os depoimentos exemplificavam e corroboravam as colocações das formadoras. Se, ao contrário, a Oficina contava com uma presença maior de não negros, as argumentações eram mais defensivas em relação ao racismo, como a explícita oposição ao sistema de cotas para negros no ensino superior, a ênfase em demarcar que o problema da desigualdade no Brasil não possui natureza racial, e, sim, social, entre outros.

Em todas as Oficinas, causou grande impacto o fato de as formadoras serem mulheres negras, na condição de detentoras de um saber sobre uma área que, aparentemente, não seria sua: falar de ciência, de história da saúde no Brasil, logo, demovendo crenças cristalizadas, estereótipos sobre o ser negro/a. Esta se mostrava como uma situação inusitada para muitos/as profissionais ali presentes, que, possivelmente, estavam acostumados a ver negros e negras em condição subalterna. Prova disso eram os "elogios" acerca da inteligência das formadoras e outros comentários positivos que, mesmo sinceros, também denotavam a surpresa, ou seja, não era esperado aquele conhecimento vir de pessoas como aquelas, com aquela aparência.

Esta foi uma formação bem emblemática e ficou evidente que, quem dela participou, sentiu-se muito impactado em relação aos conteúdos que emergiram e os modos como foram trabalhados.

Em Recife, por indicação também de Luiza, o CEAFRO prestou assessoria a gestores/as e educadores/as do município de Recife, para desenvolvimento de ações e políticas visando à implementação da Lei n.º 10.639/03.

Neste sentido, participamos de reuniões, relatamos nossa experiência de implementação da Lei n.º 10.639/03 em Salvador, formamos formadores/as e também educadores/as das escolas da rede municipal de ensino.

No decorrer da experiência alguns aspectos chamaram atenção, demandando intervenção, daí as propostas de que o CEAFRO participou, visando corrigir aspectos, como:

- Lacunas na formação do professorado em relação às dimensões racial, étnica e religiosa da população com a qual atua;
- Falta de subsídios educativos sobre a temática racial, aliada à falta de divulgação das poucas experiências realizadas por professores(as) com esse tema em sala de aula;
- Desconhecimento e consequente não implementação da Lei n.º 10.639/03.
- As ações desenvolvidas, neste sentido, buscaram alcançar os pontos elencados a seguir:
- Capacitar Coordenadores/as e Professores/as da rede municipal, com vistas à implementação da Lei n.º 10.639/03 no município do Recife;
- Subsidiar o GT de Formação Continuada da Secretaria de Educação quanto às necessidades e expectativas do professorado em termos de capacitação.
- Identificar e visibilizar práticas pedagógicas exitosas realizadas por profissionais de Educação no âmbito da Secretaria de Educação do Recife, com vistas à construção de uma educação antirracista e pluriétnica.

Essas duas experiências, brevemente abordadas aqui, não foram as únicas que tivemos sob a coordenação de Luiza; e, depois delas, continuamos a nossa parceria, em ações de pesquisa, formação em raça/gênero e outras, sempre atentas aos aprendizados que se implicavam nessa relação dialógica, profícua e intensa.

Afinal, sempre fiel ao que pensava, combativa, posicionada politicamente, Luiza brindava quem dela se aproximava, com quem convivia e/ou se relacionava profissional e politicamente, com a reflexão mais refinada e afinada com as lutas do momento. E que bom que pude estar perto de uma pessoa tão especial e que faz tanta falta...

Estatuto da Igualdade Racial

O Estatuto da Igualdade Racial levou 10 anos para ser aprovado nas duas casas legislativas. Teve origem no ano 2000, no Senado Federal através do Projeto de Lei (PL) n.º 3.198 do Senador Paulo Paim e através de Projeto Substitutivo, foi aprovado na Câmara e sancionado pelo Presidente Lula em 2010, após um longo processo de negociação entre lideranças do Movimento Negro e a Casa Civil do Governo.

A contribuição de Luiza na formulação do Estatuto, particularmente no processo legislativo para a elaboração do Substitutivo, está muito evidente no relato de Luiz Alberto. Diz ele:

> O debate sobre o Estatuto da Igualdade Racial se amplia a partir do Projeto de Lei 3.198/2000 do Senador Paulo Paim. *É nesse período que Luiza Bairros, enquanto consultora do PNUD, tem papel fundamental na qualidade do debate:* por sua sugestão o PNUD propôs um termo de cooperação com a Câmara dos Deputados, através da Comissão Especial, que permitiu a contratação de consultores externos, especialistas em políticas de combate ao Racismo.
> Como a Comissão Especial foi dividida em sub-relatorias temáticas,[58] a contratação das consultorias, correspondeu aos diversos temas colocados na proposta do Estatuto. A contratação das consultorias coordenadas por Luiza Bairros, qualificou todo o debate em torno do projeto de lei, não só no Pleno da Câmara de Deputados

---

[58] A equipe de consultores foi composta por Amaro Luiz Alves, Elias Sampaio, Samuel Vida, Vanda Sá Barreto entre outros.

da referida comissão, assim como, nas diversas Audiências Públicas, onde lideranças do Movimento Negro, das comunidades quilombolas, especialistas, etc., confrontavam suas propostas com as/os parlamentares contrários ao conteúdo do projeto, em particular parlamentares representantes do agronegócio e alguns representantes evangélicos neopentecostais.[59]

A relação dos participantes dessa Audiência deixa claro o compromisso das principais organizações do Movimento Negro. Estiveram presentes, além de Luiza, Hédio Silva Júnior, do Centro de Estudos das Relações de Trabalho e Desigualdades (CEERT), Edna Maria Roland, da Fala Preta, Gilberto Leal, da CONEN, Stânio Vieira do MNU, Ivo Fonseca Silva, da Associação das Comunidades Negras Rurais Quilombolas do Maranhão, Carlos Moura, Ivair Augusto dos Santos, Carlos Alberto Caó, ex-deputado Federal, Fernando Rodrigues, jornalista da *Folha de S. Paulo*, Ubiratan Castro de Araújo, do Centro de Estudos Afro-Orientais (CEAO) e do Conselho de Desenvolvimento da Comunidade Negra (CDCN).

> Luiz Alberto diz, então, que é possível afirmar que sem essa contribuição extraordinária do PNUD, através da liderança de Luiza Bairros, o Estatuto da Igualdade Racial estaria comprometido do ponto de vista de conteúdo, mesmo considerando que o mesmo foi aprovado aquém das necessidades de uma política de combate aos efeitos do racismo mais agressiva.

O olhar de Luiza sobre o que deveria ser contemplado no Estatuto está registrado na sua fala[60] nessa Audiência Pública onde destaca os seis pontos que considerava importantes para serem contemplados pelo substitutivo a ser proposto:

O *primeiro ponto* que ela destaca é quanto ao processo de discussão do Estatuto que, inicialmente, precisa levar em conta uma compreensão fundamental, qual seja: a temática de combate ao Racismo ou de promoção da igualdade racial deve, necessariamente, ser uma dimensão incorporada a todos os programas e políticas governamentais de desenvolvimento econômico e social. É importantíssimo que

---

[59] Relato do Ex-Deputado Luiz Alberto.
[60] BRASIL, *PL n.º 3.198*, de 7 de junho de 2000, 2001.

se consiga, através do Estatuto, consagrar o princípio de promoção da igualdade racial nas chamadas políticas universais. Quer dizer, esse mesmo tipo de preocupação é válido para qualquer tipo de iniciativa legislativa existente na Casa.

O *segundo ponto* que o Estatuto deverá abordar, segundo ela, está ligado à definição das diversas políticas de Estado, o que, ao mesmo tempo, possibilizará redefinir, ou pelo menos, recolocar em um outro patamar, a questão das cotas. Diz Luiza: *Todos nós fomos bombardeados antes e durante a realização da Conferência por um debate fortíssimo a respeito de cotas no Brasil. Não que eu o considere irrelevante. Pelo contrário; ele é extremamente importante. Mas hoje, tenho, cada vez mais, a certeza de que ele acabou assumindo uma centralidade que, na verdade, não deveria ter.*

O *terceiro ponto* diz respeito ao tema das Reparações que, segundo ela Luiza, têm que ultrapassar o período da dívida histórica da escravidão, e entendê-la, no contexto de privação de liberdade, da possibilidade de ter acesso às várias instâncias da vida social pois o Racismo constitui um sistema capaz de estruturar as relações que acontecem no interior da sociedade.

O *quarto ponto* afirma que o Estatuto deve deixar explícitas as condições diferenciadas que as mulheres negras experimentam na sociedade racista. Considerar que as questões sobre as mulheres negras, sejam consideradas estruturantes, na medida em que racismo e sexismo levam à permanência das mulheres negras nos extratos sociais menos privilegiados da sociedade brasileira.

O *quinto ponto* diz respeito aos mecanismos institucionais que se fazem necessários para garantir a implementação do Estatuto. Sendo necessário, desse modo, reavaliar as outras experiências internacionais,

O *sexto ponto* mostra a necessidade de se incorporar ao projeto o acúmulo já existente de proposições elaboradas pelas organizações negras e feministas. E, neste sentido, são entregues à Comissão Especial dois documentos como contribuição: o documento da Articulação de Mulheres Negras Brasileiras e o do Fórum Nacional de Entidades Negras, ambos elaborados para a Conferência de Durban.

Essa dinâmica construída na Comissão Especial, ou seja, na construção do texto substitutivo e nas Audiências Públicas, nas quais estiveram militantes com histórico de luta em organizações negras, permite ver o grau de envolvimento e comprometimento das organizações negras no processo de construção do Estatuto.

Esse processo estabelecido nas comissões e na redação final para além do enriquecimento do PL foi importantíssimo, também, para o fortalecimento do Coletivo de Parlamentares Negros para a dura batalha que se estabeleceu até a aprovação final da Lei que, segundo Luiz Alberto, foi uma Guerra de Posições. O contexto político e parlamentar que Luiz Alberto recupera faz jus a esse título, uma guerra que vinha desde a Constituinte. A seguir, o seu relato do contexto político do processo legislativo.

Depoimento: Estatuto da Igualdade Racial: guerra de posições
Luiz Alberto Silva dos Santos

A Assembleia Nacional Constituinte, que debateu e aprovou uma nova Constituição em 1988, curiosamente após 100 anos da abolição formal do sistema escravocrata, inseriu no seu corpo dois artigos importantes como desdobramentos da luta política do Movimento Negro.

O primeiro dispositivo constitucional reconhece o Racismo e determina que o Estado Brasileiro instrumentalize a sua criminalização. Ao mesmo tempo aprova um segundo dispositivo, que pode significar a primeira medida de política reparatória, que é o Art. 68 dos Atos das Disposições Constitucionais Transitórias (ADCT), estabelecendo o reconhecimento das comunidades remanescentes de quilombo e como consequência o direito ao seu território.

Estes dois dispositivos, abriram caminhos aos debates que se sucederam posteriormente, ou seja, como efetivar as políticas públicas que poderiam derivar destes dispositivos constitucionais?

O então Deputado Federal Carlos Alberto (Caó) (que, apesar de ser baiano, era deputado pelo PDT do Rio de Janeiro) apresentou e aprovou, em 1989, um projeto de lei baseado no dispositivo constitucional que estabelecia o racismo como crime inafiançável e imprescritível, regulamentando o referido artigo constitucional, modificando o Código Penal, estabelecendo as penalidades criminais e revogando então a lei conhecida como Lei Afonso Arinos.

Posteriormente, a então Senadora Benedita da Silva (PT/RJ) apresenta um projeto de lei no senado, PLS n.º 129/1995, que pretendia regulamentar o Art. 68 dos ADCT, sendo aprovado no Senado e encaminhado à Câmara dos deputados em 1997, distribuídos para parecer a três comissões: Comissão de Educação e Cultura (CEC), tendo como relator o Deputado Severiano Alves (PDT/BA), Comissão de Defesa do Consumidor e Minoria (CDC), onde fui designado relator, e, por fim, seguindo para a Comissão de Constituição, Justiça e Redação (CCJR), sendo relator o Deputado Nelson Pelegrino (PT/BA).

Aprovado em todas as comissões, após intensos debates em torno de questões que variavam sobre a existência ou não de comunidades remanescentes de quilombo, a necessidade de estabelecer um marco temporal para o reconhecimento e o questionamento do autorreconhecimento.

Um outro debate corria em paralelo; se o Art. 68 dos ADCT seria ou não autoaplicável, o argumento de parte da base do governo, na *época* Fernando Henrique Cardoso (PSDB), era que o artigo constitucional necessitava ser regulamentado para surtir os efeitos legais, na verdade era argumento de caráter protelatório e dispersivo para que o estado brasileiro postergasse ou inviabilizasse a sua aplicabilidade; o que provavelmente levou tanto a então Senadora Benedita da Silva e o então Deputado Federal Alcides Modesto (PT/BA) a apresentarem projetos de leis no sentido de regulamentar o referido artigo.

A posição dos parlamentares da esquerda, dos movimentos negros, de especialistas e diversos juristas era que o Art. 68 era autoaplicável. A farsa de Fernando Henrique Cardoso e sua base foi finalmente exposta quando, após o projeto ser aprovado em definitivo pelo Senado e pela Câmara dos Deputados e levado a sanção presidencial, o presidente aplicou o veto total ao projeto em uma data simbólica, 13 de maio de 2002, com o argumento, pasmem: o Art. 68 dos ADCT *é* autoaplicável, não cabendo lei ordinária.

Com a eleição do Presidente Lula, parte do relatório vetado por Fernando Henrique Cardoso foi resgatado pelo Decreto n.º 4.887/2003, do INCRA; ainda assim os ruralistas tentam, através do DEM, partido onde estavam abrigados na *época,* derrubar o referido decreto no Supremo Tribunal Federal, sendo derrotados pela mobilização dos quilombolas e do Movimento Negro. Após essa iniciativa começa a grande batalha, na qual são enfrentados os interesses de setores econômicos, em particular da bancada ruralista no congresso nacional.

A partir dos dispositivos constitucionais, várias iniciativas tomaram curso acerca da necessidade do estabelecimento de políticas públicas de combate às desigualdades raciais. Apresentei o PL n.º 4.567/1998, que criava o Fundo Nacional de Desenvolvimento de Ações Afirmativas (FNDAA), o PL n.º 4.568/1998, que criava o Conselho Nacional de Promoção da Igualdade de Oportunidades (CNPIO), entre outros.

A ideia de condensar as várias iniciativas que tramitava na Câmara e no Senado, em um projeto mais amplo, que foi denominado de Estatuto, foi uma articulação de alguns parlamentares negros na Câmara e do senador Paulo Paim, dada às dificuldades que estas iniciativas encontravam para avançar na Câmara dos Deputados, devido as resistências de muitos setores de interesses e curiosamente o Senado que sempre foi visto como uma casa mais conservadora, as resistências eram bem menores.

Logo na abertura dos trabalhos da Comissão Especial em 2008, o projeto recebeu 12 emendas ao texto, podendo ser de caráter supressivo ou modificativo ou de adendo. A imensa maioria das emendas foram apresentadas por parlamentares ligados ao agronegócio, o que explica a concentração das principais polemicas em torno do capítulo que tratava das comunidades de remanescentes de quilombo e do direito à terra.

Nesta fase conclusiva, foram momentos de muita tensão, nos quais havia uma grande mobilização de diversos setores do Movimento Negro do país; a bancada ruralista pressionava para suprimir ao máximo os direitos das comunidades quilombolas, apresentando emendas, estabelecendo um marco temporal para que as comunidades fossem reconhecidas; a bancada evangélica pressionava por seu lado para que fossem retiradas as menções às religiões de matriz africana.

Não fosse as pressões do Movimento Negro, o Estatuto seria mais esvaziado do que foi, tendo o Presidente da Comissão combinado com o Relator e o então Ministro da SEPPIR Edson Santos (2008-2010) fazer movimentos de flexibilização para atender às demandas dos setores contrários a aspectos importantes do projeto.

O governo Lula se empenhava pela aprovação do Estatuto como legado do seu governo, mas não ao ponto de comprar briga com estes setores – que consistia em parte considerável da base de sustentação do governo.

Finalmente, em setembro de 2009 o Estatuto da Igualdade Racial foi aprovado pela Comissão de Constituição, Justiça e Redação (CCJR) em caráter conclusivo, o que significa que, diferentemente dos projetos de leis ordinárias que seguem para o plenário da Câmara, nesse caso segue direto para sanção presidencial.

Como último esforço das bancadas ruralista e evangélica, foi apresentado um recurso contra apreciação conclusiva para que antes de ser enviado à sanção fosse votado pelo plenário da Câmara, sendo derrotado, o projeto foi enviado à sanção, se tornando a Lei n.º 12.288/2010, em 20 de julho de 2010.

Vencida a batalha da aprovação do Estatuto, o desafio estava na sua implementação, pois havia a compreensão de que no período compreendido entre 1970 e 2016 o movimento negro brasileiro experimentou grandes desafios, e após idas e vindas, contabilizou conquistas importantes. Era a hora de avançar.

Dispunha o Movimento Negro de uma leva de quadros políticos em diversas áreas, desde militantes de base popular, passando por militantes com passagem pela academia e por experiências institucionais. Nesse conjunto destacava-se uma militante que reunia todos esses elementos em sua experiência política como uma militante de base, forte formação intelectual e na ação institucional. Luiza Bairros exercia, com grande maestria, a combinação entre o papel do Movimento Negro, com ênfase na sua condição de mulher negra, a produção intelectual, que contribuía para orientar os rumos da luta negra, e o aparelho institucional estatal e de instituições internacionais de caráter multilateral.

Em 2011, Luiza Bairros, já na condição de Ministra da SEPPIR, contribuiu decisivamente, para a implementação das políticas propostas pelo Estatuto da Igualdade Racial.

Foi na sua gestão que o governo brasileiro, ora por iniciativa do executivo ou por iniciativa parlamentar, fez cumprir o Estatuto, aprovando políticas de combate aos efeitos do racismo, de grande impacto, tais como o Sistema de Cotas nas Universidades, Cotas para ingresso no Serviço Público através de concurso público, além da legislação que reconheceu os Direitos Trabalhistas das trabalhadoras domésticas.

Juventude negra

O depoimento de Felipe Freitas – que se encontra a seguir – é um testemunho eloquente dos múltiplos envolvimentos de Luiza na luta pela defesa e pelo protagonismo da juventude negra em toda a sua vida. Inicia pelo envolvimento em projetos voltados para a educação, a profissionalização e o fortalecimento da identidade negra, a exemplo do Projetos Mentes e Portas Abertas (POMPA) junto ao Instituto Steve Biko, Projeto Ampliando Direitos e Horizontes, voltado para adolescentes negras trabalhadoras domésticas, pelo CEAFRO, entre outros. E dá sequência, tanto com apoio à formação de coletivos quanto pela contribuição à formação de militantes e estudantes. Por fim, a formatação do Projeto Juventude Viva, na SEPPIR.

Este projeto envolveu ações de outros 13 ministérios, com foco no enfrentamento à violência contra juventude negra, em quatro eixos:

(i) Desconstrução da cultura da violência;
(ii) Inclusão, oportunidades e garantia de direitos;
(iii) Transformação de territórios;
(iv) Aperfeiçoamento institucional.

O Plano teve início em setembro de 2012 e mobilizou ações para 142 municípios, que concentravam 70% das mortes de jovens negros nos estados brasileiros. A avaliação da própria Luiza sobre o Plano Juventude Viva situa a importância e o significado da proposta:

> Essas políticas foram um salto importante, aliado ao fato de que nós também passamos a trabalhar com a juventude, considerando a perversidade das altas taxas de homicídios que acontecem entre os jovens negros.
> Esse tema já vinha sendo discutido no governo, não apenas pela SEPPIR, mas também pela Secretaria Nacional da Juventude, e nós conseguimos, por meio de uma articulação que havia logo no início do primeiro mandato da Presidenta Dilma Rousseff, os fóruns ministeriais, colocar como prioridade dos ministérios da área social um programa voltado para a redução dos homicídios de jovens negros, que acabou depois resultando no Programa Juventude Viva. Essa discussão foi extremamente fértil, por trazer para dentro de um programa do governo a questão do direito à vida, que é algo tão

fundamental que nem deveria ser necessário figurar como meta, mas de todo modo era o que se colocava como nosso ponto de partida. A questão dos homicídios não poderia mais continuar sendo vista apenas como de segurança pública, mas algo que teria a ver fundamentalmente com a forma como o racismo é exercido na sociedade brasileira, causando um nível de desumanização que faz com que a vida da população negra valha menos que a branca.[61]

Tal formulação marcou parte importante – o campo das políticas púbicas de juventude – e logrou influenciar, marcos fundamentais na defesa dos direitos da juventude negra, nos anos subsequentes a essa declaração. O trabalho desenvolvido na SEPPIR, durante a gestão de Luiza Bairros, somou-se à vigorosa articulação histórica dos movimentos da juventude negra que, segundo Felipe Freitas, contribuiu com a Comissão Parlamentar Mista de Inquérito do Senado Federal que, em 2016, ratificou os termos das denúncias formuladas e reconheceu a inadmissibilidade do quadro sistemático de violação de direitos desse importante segmento da nossa população negra – a juventude.

O texto a seguir é o depoimento de Felipe Freitas, enviado a mim, no qual mostra Luiza nas suas múltiplas práticas militantes, com destaque para aquela que estava voltada à juventude negra.

Depoimento: A defesa da vida da juventude negra e o legado de Luiza Bairros

Felipe da Silva Freitas

Neste curto recordatório ressalto dois aspectos da contribuição de Luiza Bairros ao debate sobre juventude negra no Brasil que recortam minha própria experiência como militante político e como pesquisador e que, de algum modo, ilustram essas possibilidades imaginativas de Luiza enquanto artífice de nossas lutas por Justiça e Liberdade. Inicialmente, gostaria de falar sobre a colaboração de Luiza Bairros na construção dos coletivos de estudantes negras e negros nos anos 2000 e, em seguida, sobre a participação de Luiza na abordagem

---

[61] BAIRROS, Luiza, O enfrentamento ao racismo foi inserido no Planejamento governamental, 2016, p. 82-88.

da temática da violência contra juventude negra e sua obstinada colaboração para que esse tema emergisse como pauta política dos governos e das organizações nacionais e internacionais, sobretudo a partir do ano de 2010.

Um porto seguro para várias lutas juvenis

Conheci Luiza Bairros em 2002. Na época, eu tinha 15 anos, cursava o primeiro ano do ensino médio, estava já engajado no Partido dos Trabalhadores e nas Comunidades Eclesiais de Base e a procurava para pedir ajuda na discussão da questão racial, recebendo respostas duras, irônicas, mas, sempre perspicazes e generosas. As respostas de Luiza eram sempre daquele tipo que *punham para pensar* e que, ao mesmo tempo, não eram nunca receitas prontas ou calmantes para minhas dúvidas juvenis, pelo contrário.

Para mim – e dezenas de outros jovens negros e negras que se aproximavam dela –, Luiza não era exatamente uma pessoa paciente ou tolerante com o erro juvenil. Pelo contrário, ela era sempre rigorosa, firme e precisa. A fertilidade de interlocuções desse tipo foi relatada por inúmeras lideranças que se beneficiaram, de diferentes formas, da interlocução com Luiza e com seu arguto compromisso com a formação de quadros.

O mesmo sentido foi compartilhado por inúmeras lideranças do Movimento Negro e do Movimento de Mulheres Negras que, em sua juventude, puderam acessar diálogos, trocas e interlocuções com Luiza Bairros, no âmbito dos seus respectivos processos de formação. Havia, na interlocução com Luiza, um forte sentido de protagonismo, liderança e compromisso reiterado por depoimentos de inúmeras pesquisadoras e ativistas do Movimento Negro e do Movimento de Mulheres Negras, que atribuíram a ela papel decisivo no delineamento ético-político que as impulsionou para a academia.[62]

Como professora, Luiza também contribuiu com inúmeros processos formativos de jovens, com destaque para a disciplina Sociologia do Direito na Universidade Católica de Salvador, as aulas e palestras

---

[62] Cf. https://www.folhape.com.br/noticias/o-que-e-interseccionalidade/80564/. Acesso em: 13 out. 2021.

no POMPA (Projeto Mentes e Portas Abertas), no Instituto Cultural Steve Biko,[63] no Projeto Ampliando Direitos e Horizontes no CEAFRO, voltado para adolescentes trabalhadoras domésticas, e em encontros e eventos dos coletivos de estudantes negras e negros universitários que, a partir dos anos 2000 se destacavam no debate político do Movimento Negro no país. Luiza participou ativamente dessa etapa da luta por políticas de ações afirmativas nas universidades, e apoiou fortemente eventos e iniciativas desenvolvidos por organizações negras nas universidades de todo o país.

Durante o debate sobre a adoção de políticas de cotas nas universidades, por exemplo, o prestígio político de Luiza foi estratégico para os coletivos negros organizados nas universidades – assim como de personagens como Sueli Carneiro, Kabengele Munanga entre outros, e serviu para reforçar a relevância das pautas apresentadas pelos jovens negros universitários, num período ainda muito hostil à ideia de políticas compensatórias ou de caráter afirmativo. Como assinalaram ativistas como Lio N'Zumbi, fundador do *Núcleo de Estudantes Negros da UFBA*, em depoimento a Nádia Cardoso sobre a implementação de cotas, Luiza funcionou como uma chave, que abria as portas do debate público para a pauta racial.[64]

Lembro, com muito carinho e emoção, do orgulho que sentíamos quando Luiza tomava a palavra para discursar em nosso nome. Vivíamos ali a plenitude da ideia de representatividade.

A emergência de uma luta na democracia brasileira: luta contra a violência racial

No âmbito da gestão pública, Luiza foi uma importante aliada da tematização da questão juvenil negra no campo das políticas públicas. A partir dos cargos que ocupou, como Secretária de Promoção da

---

[63] O Projeto Mentes Abertas e Portas Abertas foi realizado entre 2004 e 2006 para formar negros e negras para serem lideranças, com o objetivo de trabalharem em cargos públicos e do terceiro setor.

[64] N'ZUMBI, Lio. Depoimento. *In*: CARDOSO, Nádia. *Instituto Steve Biko – Juventude Negra*: mobilizando-se por políticas de afirmação de negros no ensino superior. Dissertação (Mestrado em Educação e Contemporaneidade) – Programa de Pós-Graduação em Educação e Contemporaneidade, Universidade do Estado da Bahia, Salvador, 2006. p. 209.

Igualdade do Estado da Bahia (2008 a 2010) e como Ministra Chefe da Secretaria de Políticas de Promoção da Igualdade Racial da Presidência da República (2011 a 2014), Luiza pautou a necessidade de políticas que corrigissem as desigualdades criadas pelo racismo entre jovens negros e brancos e, sobretudo, sublinhou a centralidade do direito à vida na promoção dos direitos da juventude, diante do imperativo de combater as altas taxas de homicídios entre jovens negros do sexo masculino.

Dizia Luiza:

> Os números são bastante eloquentes em relação *às* mudanças de patamar de inserção econômica e social da população negra, por um lado, mas os números são bastante eloquentes, também, quando falam daquilo que ainda *é* preciso ser feito.
> Eu tenho alertado *às* pessoas, muito, em relação ao seguinte: com todas as conquistas que nós obtivemos nesses *últimos* anos, elas têm sido, de uma certa forma, sombreadas – têm sido sombreadas – por aquilo que nós não conseguimos ainda resolver ou enfrentar da maneira que deveríamos. E quando eu falo da sombra, eu me refiro, por exemplo, *à* questão das altas taxas de homicídio, taxas crescentes de homicídio, que se verificam na juventude negra no Brasil.[65]

Na formulação da SEPPIR acerca deste tema, duas perspectivas contaram com especiais colaborações da ministra Luiza Bairros. Por um lado, ela sustentou a ideia de que o racismo constitui o centro da violência letal no Brasil, especialmente da violência estatal contra jovens negros do sexo masculino e que, portanto, era central que a política pública desenvolvida para tratar a questão das altas taxas de mortalidade no Brasil tivessem o enfrentamento ao racismo como sua principal mola propulsora. Por outro lado, a ministra Luiza também enfatizou firmemente o debate sobre os impactos políticos, econômicos e demográficos da violência na juventude negra no Brasil apresentando, assim, não apenas uma *denúncia histórica* das más condições de vida da população

---

[65] BAIRROS, Luiza. Pronunciamento em audiência pública realizada na Comissão de Direitos Humanos do Senado Federal por ocasião do 25 anos da Fundação Palmares e dos 10 anos da Secretaria de Políticas de Promoção da Igualdade Racial. 25 de novembro de 2013. Disponível em: https://www.youtube.com/watch?v=09riWLU72mM. Acesso em: 4 jan. 2021.

negra brasileira, mas, sobretudo, articulando uma perspectiva profunda que conectava essas demandas históricas com a própria construção de um projeto de país, na medida em que *nós, negros, não constituímos a minoria da população brasileira. Pelo contrário, de acordo com a* última *PNAD, a estimativa é de que já sejamos 53% da população brasileira. Isso são muito mais de 100 milhões de pessoas.*

> Portanto, não se pode mais planejar o Brasil, atuar sobre a sociedade brasileira sem levar em conta essa maioria, e *é* uma maioria submetida a determinadas condições de vida totalmente orientadas por aquilo que o racismo cria em termos de desvantagem social [...] Nós não podemos deixar mais de 100 milhões de pessoas fora das possibilidades e das oportunidades que o desenvolvimento pode gerar, e isso seria absolutamente desastroso para o País.[66]

Luiza alertava aí para o peso da violência contra a juventude negra em termos demográficos e sublinhava que os ganhos em termos de mobilidade social da população negra vinham sendo bloqueados pela persistência das altas taxas de letalidade contra jovens negros do sexo masculino. Com uma lucidez marcante e antecipando processos políticos que se desenrolaram nos anos seguintes, afirmara:

> Nós, negros, temos que acelerar os nossos processos de inclusão, porque se essa inclusão não acontecer agora, ela não vai acontecer daqui a dez anos, ou daqui a dez anos, daqui a quinze anos, será tarde demais. Como eu vejo, essa *é* na verdade a *última* oportunidade que nós temos enquanto negros, neste País, de sermos incluídos com vantagens nessa sociedade, porque, a se manter o padrão de escolaridade, de qualificação profissional que existe hoje, nós não teremos a menor possibilidade de participação nessa sociedade que se desenha para um futuro, que *é* um futuro muito próximo.[67]

O tema fora incorporado com força na agenda da gestão da ministra Luiza, à frente da SEPPIR, através do Plano Juventude Viva, iniciativa coordenada conjuntamente com a Secretaria Nacional de Juventude da Secretaria Geral da Presidência da República.

---

[66] *Idem.*

[67] *Idem.*

Para concluir...

O debate sobre a contribuição de Luiza Bairros ao pensamento social brasileiro está longe de ser suficientemente explorado entre nós, seja no âmbito específico das políticas públicas de juventude, seja na investigação mais ampla sobre outras dimensões da nossa vida social, prática política e estrutura econômica. Há muito o que fazer em termos de pesquisa histórica, análise teórica e reflexão política com vistas a conhecer, interpretar e divulgar o rigor, a densidade e o refinamento com que Luiza Bairros pensou o seu tempo e participou organicamente das disputas, tensões e desafios vividos entre nós.

Esse breve registro é, portanto, um modesto recordatório, com vistas a assinalar pistas sobre a originalidade de seu pensamento a respeito sobre esse conjunto vasto de questões que hoje conformam grande parte do debate político nacional e que seguem nos interpelando de modo dramático e radical.

Que falta faz toda essa potência e todo esse rigor reflexivo. No plano pessoal, fica a saudade acompanhada da alegria de ter podido desfrutar de maravilhosos anos da minha juventude na generosa interlocução com Luiza Bairros, uma gigante nas reflexões e nas trincheiras da luta por justiça e liberdade.

A militante-intelectual/a intelectual-militante

A Luiza Helena de Bairros que chegou aos 63 anos de idade foi resultante de uma série de circunstâncias e características pessoais, que combinava autodisciplina, competência, coerência e sensibilidade política. Tomo a liberdade de elencar algumas dessas características que forjaram aquela jovem que chegou à Bahia, em 1979, com 26 anos (*LB*, como gostava de se nominar), até a Luiza Ministra de Estado. Vejamos, a seguir, algumas dessas características: a) a capacidade de fazer a leitura da realidade sociorracial do país através dos dados e outras informações; b) o zelo pela divulgação e disseminação das informações; c) a atuação na política partidária; d) a sensibilidade política.

a) A leitura da realidade pelos dados e outras informações – esse seu aprendizado, como vimos, teve início com a tese de mestrado, na qual ela opera com bases de dados dos Censos e produz análises macro da realidade da/o trabalhador/a negra/o. Luiza nos contava que seu primeiro emprego foi no órgão de estudos e pesquisa da prefeitura de Porto Alegre, onde também trabalhava Dilma Rousseff, que fazia parte da equipe do órgão.

Em artigo na publicação organizada por Januário Garcia, denominada de *25 anos. 1980-2005. Movimento Negro no Brasil*, organizada pela Fundação Cultural Palmares nas celebrações dos 300 anos da imortalidade de Zumbi dos Palmares, ela retoma essa dimensão que sempre esteve em suas preocupações: os dados, a realidade numérica das desigualdades raciais entre negros e brancos.

Nessa dimensão, Luiza combinava *qualidades*, destacando-se a certeza de que a base para a construção de Políticas Públicas teria de estar na leitura correta da realidade, através de análises, dados e indicadores sociais. Como ela coloca à época, um dos desafios para a inclusão social no Brasil *tem a ver com a capacidade de as políticas públicas levarem em conta a diversidade da sociedade brasileira.*[68]

Demonstrando com estatísticas governamentais e acadêmicas que a desigualdade entre negros e brancos não decorre apenas da pobreza, afirma que essa desigualdade *deve ser ela mesma tomada como indicador relevante do racismo.*[69]

Dessa forma, conclui que qualquer iniciativa de combate ao racismo e seus efeitos deveria ser pensada com base nessas informações qualitativas e quantitativas, que documentam as desigualdades que perpassam, transversalmente, todas as classes sociais.

A incorporação da dimensão racial às políticas públicas passaria pelas formas de operar com o conceito de *racismo institucional*, o que pressupõe que o racismo seja, finalmente, reconhecido como um elemento estruturante das relações raciais no Brasil. Tudo isso dito em 2005.

Em Salvador, seus artigos na *Revista Força de Trabalho e Emprego* são outras evidências do aprendizado de operar com a realidade conforme ensinava Lélia Gonzalez. A Pesquisa de Emprego e Desemprego na Região Metropolitana de Salvador (PED/RMS), da qual foi Coordenadora de Campo, desde seu início, 1987, até ir para os Estados Unidos, em 1994, foi uma experiência formativa. Cabia-lhe, entre outras atividades, a capacitação/o treinamento dos entrevistadores e das entrevistadoras, executada, com maior rigor, para a captação da variável raça/cor. O resultante deste processo foi a visibilização dessa terrível tragédia, que eram (e ainda o são), as taxas de desemprego da população negra da Região Metropolitana de Salvador.

b) O zelo pela disseminação das informações – produzir informações que subsidiassem a prática política tinha que vir acompanhada da sua divulgação. Assim, esteve partilhando dessa preocupação no I

---

[68] BAIRROS, Luiza, Indicadores Sociais e Políticas Públicas, 2006, p. 139.
[69] *Ibidem.*

Encontro Brasileiro de Publicações Feministas, no qual fez a Relatoria da 3ª Sessão na condição de representante do Conselho Editorial da *Revista Estudos Feministas*. Este encontro foi realizado pela USP, em 2003.

De onde vinha a preocupação de Luiza com a divulgação de informações? Convém apresentar, de forma resumida, os principais pontos elencados na sua relatoria, na qual resenhou um roteiro para o planejamento de ações de produção e disseminação de informações sobre as temáticas atinentes à população negra, a partir da precisa definição de objetivos específicos das publicações, problemas principais e propostas de ação conjunta.

Os objetivos específicos das publicações das organizações, assim, deveriam visibilizar a pesquisa produzida pelas pessoas da ONGs; registrar a memória de iniciativas consideradas importantes; reunir materiais para formações e capacitações; instigar o debate sobre gênero em áreas específicas; informar os movimentos populares, particularmente. Assim, como se pode ver, essas iniciativas se enquadram como ferramentas de trabalho, registros de resultados ou são peças de acompanhamento de conjuntura.

O Relatório elenca, também, os problemas/dificuldades principais que as publicações feministas passavam; o maior destaque foi dado à distribuição, que envolve custos de postagens e atualização das malas diretas; mas o problema seria anterior à distribuição e contemplava a definição da pauta, definição do público-alvo e, por fim, avaliação, sem descartar os padrões estéticos femininos.

Como as publicações das ONGs não podiam ser vendidas, fazia-se necessário construir alternativas de sustentabilidade, a partir de um projeto coletivo. Assim, o Encontro construiu várias Propostas de Ações Conjuntas e, do Grupo de Trabalho, saíram as seguintes propostas: divulgar cronogramas de publicações, via listas de discussão; estimular a formação de parcerias nas edições; formar um *pool* para avaliação das publicações; participar da Feira do Livro proposta pelo SOS Corpo, como a de Porto Alegre, a de Ribeirão Preto e a Bienal do Livro; explorar melhor as possibilidades de uso da internet, de forma articulada, sempre que possível, com capacitação de mulheres para o uso da rede mundial; pensar um projeto de publicação, a ser vendida em bancas de revista para um público popular, e traduzir os temas tratados nas publicações para outros meios, como o rádio.

A sua reconhecida competência a leva a fazer parte de diversos Conselhos e Equipes Editoriais de revistas e publicações, de organizações públicas e de organizações não governamentais. Assim, foi cumprindo a natural sequência de produzir e disseminar, tendo ela sido:

- Membra da Equipe Editorial da *Revista Força de Trabalho e Emprego* da Secretaria do Trabalho/Sistema Nacional de Emprego.
- Membra do Conselho Consultivo da *Revista Estudos Feministas* publicação semestral do Instituto de Filosofia e Ciências Sociais (IFCS/UFRJ).
- Organizadora do Dossiê de Raça e Democracia no Caderno do CRH.

c) A atuação na política partidária – sua militância partidária teve início em 1984, no processo de mobilização para a derrubada da ditadura e da organização do *Comitê Popular Luta pela Constituinte*, que teve sua origem no *Comitê de Negros Pró-Constituinte*, segundo o *Nêgo – Boletim do Movimento Negro Unificado da Bahia*, conforme afirmam Ana Flávia e Felipe.[70]

Nesse contexto de reconstrução da democracia, anos anteriores à convocação da Assembleia Nacional Constituinte, Luiza pela força política que expressava foi indicada pelo PT da Bahia a concorrer ao cargo de Deputada Estadual, juntamente com Paulo Ferreira, sendo Luiz Alberto candidato a Deputado Federal. Não foi eleita.

Em 2004, a tendência interna no PT denominada *Campo 2 de Julho*, sob a liderança de Luiz Alberto, organiza-se para disputar a indicação para concorrer à prefeitura de Salvador pelo partido. Para tanto, reúne um grupo de militantes e simpatizantes para produzir uma proposta para a gestão municipal. Os participantes deste grupo, além das suas competências profissionais, eram conhecedores das discussões que estavam se dando em nível nacional em termos de políticas de promoção da igualdade racial. Foram eles: Albertino Nascimento, Altair Lima, Cida Bento, Damiana Miranda, Edenice Santana, Elias Sampaio, Geraldo Belmonte, Hamilton Borges, Cristina Lobo, Ivana

---

[70] FREITAS, Felipe, PINTO, Ana Flávia M., Luiza Bairros, uma "bem lembrada" entre nós: 1953-2016, 2017, p. 239.

Paixão, Ivonei Pires, Jocélio Teles, Lázaro Cunha, Lindinalva Barbosa, Luiz Alberto, Luiz Antônio Souza, Luís Chateaubriand, Luiza Bairros, Nelson Maca, Pedro Rocha, Sandoval Bispo, Samuel Vida, Silvio Humberto, Valdecir Nascimento, Valdisio Fernandes, Vanda Sá Barreto, Valdina Pinto e Vilma Reis.

O resultado deste trabalho foi publicado com o título *Políticas Públicas de Inclusão e Promoção da Igualdade Racial para o Povo Negro da Cidade de Salvador*, pelo Instituto Búzios.[71] Este trabalho de construção coletiva, apesar de não ter sido explicitado na publicação, foi sistematizado por Luiza Bairros, e por mim, Vanda Sá Barreto. É importante destacar a tentativa de colocar como arcabouço político e ideológico as concepções que estavam sendo construídas pelo movimento negro. Foi a tentativa de produzir um programa de gestão do ponto de vista do olhar dessa população.

Isto ficou explicitado nas três diretrizes apresentadas:

- *Combate ao Racismo Institucional;*
- *Promoção da Igualdade Racial;*
- *Valorização dos Espaços Negros.*

Para além das diretrizes, o documento tratou da criação de Mecanismos Institucionais para a implementação das políticas, ou seja, da *criação de instâncias permanentes e politicamente legitimadas* como *condição fundamental para que as diretrizes acima descritas incidam sobre todos os setores da administração municipal.* Não se esquecendo, no entanto, do papel que teria a sociedade civil organizada, a partir de um Fórum externo à administração pública.

A partir dessas dimensões, o documento sinaliza para as Políticas Setoriais, as quais foram precedidas por um Diagnóstico, onde estão detalhadas as principais ações referentes aos seguintes temas: Desenvolvimento Urbano e Desenvolvimento Social e Econômico, contemplando Saúde, Educação, Emprego e Renda, Cultura, Segurança Pública e Juventude e Finanças Públicas.

---

[71] O Instituto Búzios é uma OSCIP de mídia negra e feminista que apoia e estimula o fortalecimento de ONGs comprometidas com a equidade ambiental, a conquista de direitos e a afirmação de cidadania.

d) A sensibilidade política – Além de tudo isso, Luiza possuía uma rara sensibilidade para identificar potencialidades das pessoas para se integrarem na luta política, quer no campo do conhecimento ou na militância, como quadro político, e inseri-los na luta: uma geração foi influenciada por ela. Ou seja, fez o itinerário que, antes dela, outras militantes negras o faziam, fizeram ou traçaram e eram inspiradas nas orientações de Lélia, como Sueli Cardoso, Wânia Sant'Anna, entre outras.

A analista política

Em 2006, para o jornal *Iròhìn*,[72] Luiza realizou uma análise da conjuntura política em relação à questão racial no Brasil. O texto é denominado "Uma nova configuração da política racial", cuja motivação ela afirma ser o seu interesse em entender o que mudou na política racial brasileira nas três últimas décadas, em consequência da ação do Movimento Negro.

Para ela as mudanças ocorridas representaram a falência da Democracia Racial como modelo hegemônico. Muitos momentos exemplificam essas mudanças: inicialmente, a criação do Movimento Negro Unificado; depois, o fracasso que impôs às comemorações dos 100 anos de abolição da escravatura e a inclusão do Racismo como crime inafiançável na Constituição Federal, em 1988; a Marcha Zumbi dos Palmares, em 1995 e, finalmente, a grande participação no processo de construção da Conferência de Durban, em 2001.

Ao considerar o impacto desses contextos, tanto sobre o Estado quanto sobre as organizações negras, afirma que essas tendem a se organizar mais por segmentos da população negra – mulheres, lésbicas, comunidades rurais quilombolas, juventude, mas, também, por áreas da vida social – arte e cultura, religiões de matriz africana, saúde, educação, comunicação, pesquisa, etc. Esta diversidade, segundo Luiza, revela o amadurecimento da compreensão do *racismo como um fenômeno multifacetado*.

---

[72] O jornal *Ìrohìn*, em seu formato impresso, circulou entre os anos de 1996 e 2009.

Tudo isso, rompeu a hegemonia branca na interpretação da experiência negra no Brasil. Contudo, isso ainda não tem sido suficiente para garantir a nossa hegemonia na definição do que é Racismo [...] e das estratégias para corrigir os privilégios e as desvantagens sociais associadas ao pertencimento o racial.[73]

Ela, porém, não fica apenas no diagnóstico e, mesmo colocando que não tem a pretensão de responder a todas as questões que ela mesma suscitara, apresenta o que considera minimamente necessário para efetivar a nossa participação no novo quadro da política racial no Brasil (tudo isso em 2006). Através:

- Da criação de consensos para o que seria preciso fortalecer *as condições de produção de nossos discursos e nossas práticas* em vários âmbitos, acadêmico, artístico, nas organizações políticas de base, nos meios de comunicação etc.
- De aprofundar a compreensão sobre o papel do Estado quanto a seus limites e possibilidades de internalizar aspectos importantes de nossas demandas, incorporando novos atores, mulheres e homens, que na estrutura de governo tocam a pauta da dita *promoção da igualdade racial.*

> Além disso, a nova configuração da política racial brasileira ao transpor a questão racial para *âmbito* que extrapolam o próprio Movimento Negro, também impõe a necessidade de (re)pensar outras arenas de ação políticas, a exemplo do parlamento.[74]
> A institucionalização da questão racial *é* o nosso ganho, mas também pode ser a nossa derrota como atores políticos constituídos a partir do movimento social.[75]

Nesse mesmo ano, 2006, no II Fórum de Performance Negra, ela retoma essa narrativa. Constata que esses fatos levaram à ruptura do consenso que havia entre as elites, de direita e de esquerda, quanto às formas de pensar a sociedade brasileira em termos raciais. Identifica, também, que dentre essas mudanças ocorreu a incorporação, de algum

---

[73] BAIRROS, Luiza, Uma nova configuração da política racial, 2006, p. 12.
[74] *Idem*, p. 13.
[75] *Ibidem*.

modo, pelo Estado brasileiro, de iniciativas visando à superação das desigualdades raciais. Pela produção de estatísticas desagregadas por cor; adotando políticas afirmativas; criando agências governamentais para lidar com a questão racial; ou debatendo o Projeto de Lei do Estatuto da Igualdade Racial. No campo acadêmico e nos meios de comunicação, a cisão também ocorre.

Embora limitadas, essas proposições, segundo Luiza, colidem com os consensos existentes nos pressupostos da democracia racial. Disse ela: *Cada modelo racial gera formas de luta que lhes são compatíveis.*[76] Dessa forma, as organizações negras não ficaram imunes a essas mudanças. De um lado, ocorreu uma maior tendência à organização por segmento (mulheres, lésbicas, comunidades rurais quilombolas, juventude) como por áreas da vida social (arte, cultura, religiões de matriz africana, educação, comunicação, pesquisa etc.). Assim, às *entidades negras* – como eram denominadas as organizações dos anos 1970 e 1980 – incorporam-se diversas organizações, com diferentes estruturações a partir de redes, fóruns e ONGs.

Para Luiza, o desafio estaria em *assegurar que os termos da disputa por um outro modelo, ou uma outra narrativa sobre as relações raciais entre brancos e negros no Brasil, sejam definidas a nosso favor.*[77]

Adianta o que considera minimamente necessário fazer, pois o feito até agora se rompeu com a hegemonia branca na interpretação da experiência negra no Brasil, não foi suficiente para garantir a nossa hegemonia na definição do que é racismo.

Para tanto, sugere algumas iniciativas:

- Fortalecer as condições de produção dos nossos discursos e práticas, a partir de consensos em vários âmbitos: acadêmicos, artísticos, nas organizações de base, nos meios de comunicação, dentre outros.
- Aprofundar o papel do Estado, seus limites e possibilidades de internalizar as nossas demandas, que só podem ser viabilizadas pela ação pública nos três níveis de governo, fazendo avançar uma pauta do que se denomina genericamente de

---

[76] BAIRROS, Luiza, Política, 2006, p. 146.
[77] *Idem*, p. 147-148.

promoção da igualdade racial, envolvendo homens e mulheres negros, presentes na máquina pública.
- Pensar novas arenas da luta política, a exemplo do Parlamento, âmbito que extrapola o próprio Movimento Negro.

Esta análise é concluída, fazendo uma conclamação aos seus pares quanto à sua responsabilidade política na condução da luta contra o Racismo: Nossas possibilidades futuras dependem das escolhas políticas que fizermos com base nas leituras desta conjuntura, a qual não permite saídas individuais. O racismo mudou como resultado da nossa ação, mas no fundamental ainda exige que nos reconheçamos como uma comunidade de destino.[78]

---

[78] *Idem*, p. 149.

Os limites da institucionalidade

No III Fórum de Performance Negra, Luiza dialoga sobre a temática *Limites da Institucionalidade* com Marcio Meireles, ex-diretor do Teatro Vila Velha, então no cargo de Secretário de Cultura do Governo do Estado da Bahia, diálogo esse que podemos resumir[79] como:

- A dificuldade que se enfrenta quando em cargos públicos, se entra em *lugares velhos, conservadores e carcomidos, com uma proposta de atuação... que é totalmente nova.*[80]
- A *Interseccionalidade* na gestão pública ainda não se deu, apesar da existência de alguns diálogos e parcerias dentro do governo.
- Para que as nova*s* propostas de política cultural e as *novíssimas* propostas de promoção da igualdade racial se imponham será preciso que os gestores (aqueles que representam o governo) digam: Este é o eixo do meu governo, é princípio no meu governo e, quem quiser ser ministro(a), secretário(a), tem que responder a este eixo e a este princípio.
- *Ainda está distante a possibilidade de mudança porque os lugares de poder nas estruturas governamentais são muito bem definidos; porque os lugares que determinam como toda estrutura trabalha, não estão dentro dos órgãos que nós aqui presentes dirigimos.*

---

[79] MELLO, Gustavo (Org.), *III Fórum Nacional de Performance Negra*, p. 26.
[80] *Idem*, p. 146.

- A cultura negra já tem esboçada uma percepção de como atuar para garantir a Interseccionalidade, mas muito falta ainda para a igualdade racial.

Quando em 2010, já Ministra, na histórica entrevista a Sonia Alvarez, questionada sobre dificuldades de negociar, navegar dentro da estrutura do Estado, ela identifica duas questões: uma diz respeito ao que ela denomina do *bater o teto (de vidro)*. De baixo se viam as possibilidades, mas não se alcançava. Não furava o teto. A outra, a expectativa de muitas pessoas negras que têm apenas a SEPPIR como horizonte para trabalhar a questão racial. Não há oferta de servidores/as comprometidos e/ou com acúmulo sobre as políticas voltadas para o povo negro no Ministério da Educação, Saúde, Trabalho, Ciência e Tecnologia. Esse tipo de servidor não está disponível nesses ministérios.

A questão, segundo Luiza, tem ainda que passar pela discussão sobre articulação e a necessidade ou não de um Ministério tipo SEPPIR. O modelo teria que ser revisto, o que passa pela sustentabilidade.

O que mais dizer sobre Luiza

Luiza conheceu Lélia quando entrou no Movimento Negro Unificado (MNU), em 1979. Apesar da diferença de idade – Lélia teria 44 anos e Luiza 26 –, tornaram-se amigas, daí a declaração de Luiza quanto ao seu compromisso de seguir o legado de Lélia Gonzáles, que ela difundia e defendia estivesse onde estivesse.

No texto que publicou na *Revista Afro-Ásia* número 23, na Seção Homenagem, ela afirma que se atribuiu a tarefa de resgatar a contribuição de Lélia Gonzalez para *uma alternativa negra de pensar a sociedade brasileira* (através de temas que motivaram sua intervenção em diferentes momentos).

Vejamos o *roteiro* de Lélia que Luiza desenvolve, então, com singular competência:

- A certeza de que o combate ao Racismo era a sua tarefa principal.
- A compreensão de que as matrizes da cultura brasileira contêm influência quase que total da vertente negra; e de que isso é a chave para entender a questão racial brasileira.
- O branqueamento sendo um dos obstáculos maiores a ser vencido, se quisermos, enquanto negros, mudar a cara do país. O branqueamento seria a forma mais eficaz (ideológica) do Racismo na América Latina.
- A não oposição entre Cultura e Política.

Essa visão foi parte fundamental na fundação do MNU em 1978 e que, para Lélia, *consistiu no mais importante salto qualitativo nas lutas da comunidade negra brasileira, na década de 1970,* pois, ao tirar o negro brasileiro da invisibilidade, forçou outras entidades, principalmente as que se autodefinem como culturais, *a se posicionarem de maneira mais incisiva; justamente porque o MNU conquistou espaços políticos que exigiram esse avanço por parte delas.*

Na militância e na vida profissional, pois Luiza seguiu este *script*. Assim, na SEPROMI[81] ela exercitou a sua capacidade de tratar de questões estratégicas, como, por exemplo, um modelo de desenvolvimento e uma prática de gestão que levassem à redução da desigualdade racial e à necessária adequação desse modelo de gestão, para se lograr a promoção da igualdade racial e o combate ao racismo.

Dedicou especial atenção à política para as comunidades remanescentes de quilombos, reforçando a parceria já em andamento com a Coordenação de Desenvolvimento Agrário (CDA) da Secretaria de Agricultura, para a regularização das terras devolutas do Estado nos territórios quilombolas, exigência da Constituição Estadual de 1989, nunca cumprida. Para tal, construiu um encontro com lideranças do Maranhão e da Bahia, sempre buscando beber da experiência inicial com as práticas do MNU.

Luiza chega à SEPPIR com uma vigorosa bagagem, tanto no campo das grandes questões que dizem respeito às desigualdades raciais no Brasil e das práticas e formas com que o racismo operava nesta sociedade; quanto no campo internacional dos principais pensamentos e formulações relacionadas ao enfrentamento do racismo. Mas, muito especialmente, Luiza conhecia as potencialidades das organizações negras brasileiras e das construções que elaboraram ao longo de suas histórias. Dessa forma, a SEPPIR foi o espaço para dar concretude a tudo que acumulou em suas experiências anteriores, tanto no plano político quanto de gestão.

Os dois anos passados como Secretária da SEPROMI foram, sem sombra de dúvida, importantes para exercitar-se nas *etiquetas* burocráticas e políticas, estando em um governo petista, de esquerda.

---

[81] Essa secretaria tinha como área de atuação as Políticas para as Mulheres e a Promoção da Igualdade Racial. Na primeira delas, cabia a coordenação, em nível estadual, do Plano Nacional de Política para as Mulheres. A pauta da Promoção da Igualdade Racial envolvia uma gama muito ampla de temáticas, com destaque para a construção do Estatuto da Igualdade Racial do Estado, a organização e funcionamento do Fórum Estadual de Gestores Municipais de Promoção da Igualdade Racial e a construção e implementação da Política para Quilombos.

Em entrevista que deu, logo após a sua nomeação como ministra,[82] afirmou ter sido a passagem pela Secretaria a *Experiência Definitiva,* pela primeira oportunidade de colocar em prática o aprendizado pelo qual havia trilhado. Pois foi o tempo em que, após a experiência no sistema ONU, teve oportunidade de planejar e implementar propostas, programas e políticas voltadas para a dimensão da promoção da igualdade racial, combate ao racismo e intolerância religiosa – e particularmente garantir os direitos às comunidades remanescentes de quilombos às terras ancestrais como preceituavam a Constituição Federal e a Estadual.

Neste espaço estadual deu os primeiros passos na implementação do Estatuto da Igualdade Racial do Estado e, particularmente, na regularização das terras devolutas do Estado, ingredientes para dar saltos qualitativos na construção das políticas de cunho racial.[83]

Na SEPPIR, o seu DNA está impresso no documento *Subsídios para o Debate,* que foi construído para *a III Conferência Nacional de Promoção da Igualdade Racial, de 2013.* Ou seja, nele estão articuladas todas as dimensões que faziam parte das práticas do Movimento Negro que eram, enfim, as suas próprias.

Nessa minha contribuição à memória de Luiza, gostaria de destacar duas pautas muito especiais, nem sempre contempladas pelos movimentos sociais, em relação à gestão pública: a) o planejamento e o orçamento, expresso no PPA – Plano Plurianual; b) o monitoramento da sua execução.

No que se refere ao PPA, tinha a compreensão dos avanços na implementação de políticas com foco racial desde a criação da SEPPIR, mesmo com a desidratação do Estatuto da Igualdade Racial. Esta desidratação da proposta aprovada pela Câmara dos Deputados, dentre outras, deveu-se, principalmente, ao veto orientado pela Casa Civil da Presidência da República ao Fundo de Promoção da Igualdade Racial. Pois, afinal, este Estatuto abria um largo caminho para avançar no combate ao racismo e na promoção da igualdade racial.

---

[82] Cf. https://bit.ly/3Bqcvur. Acesso em: 17 fev. 2021.

[83] Foi na sua gestão na SEPROMI que foi aprovada a Lei n.º 11.850, de 2013, que instituiu a Política Estadual para as Comunidades Remanescentes de Quilombos, que contemplava dois grandes eixos: Os Planos de Desenvolvimento Social, Econômico e Ambiental e a Regularização das Terras Devolutas do Estado existentes nos territórios quilombolas.

O espaço para construção de ações governamentais criado pela construção do PPA 2012-2016 do Governo Federal foi bastante potencializado pela SEPPIR. Em 2011, o governo federal estabeleceu uma nova metodologia e formato para elaboração do PPA, e a participação, nesse processo, foi considerada como estratégica, pela SEPPIR. Apesar de a Promoção da Igualdade Racial ter sido incorporada ao PPA desde 2004-2008, sua abrangência era limitada, como se vê a seguir:

- No PPA 2004-2007 foram construídos 30 Desafios, e o 8º tratava de promover a redução das desigualdades raciais.
- No PPA 2008-2011 foram construídos 10 objetivos, e o 4º dialogava com a pauta da SEPPIR de fortalecer a democracia, com igualdade de gênero, raça e etnia, e a cidadania com transparência, diálogo social e garantia dos direitos humanos.
- No PPA de 2012-2015, composto de 11 macrodesafios, o 6º era fortalecer a cidadania, promovendo igualdade de gênero e étnico-racial, respeitando a diversidade das relações humanas e promovendo a universalização do acesso e elevação da qualidade dos serviços públicos.

No referido documento *Subsídios para o Debate*, fica explicitada a forma como se estruturou o PPA:

> O PPA (2012-2015) revela um esforço de abordagem mais sistêmica das desigualdades raciais, consolidado no documento Agendas Transversais. BRASIL, 2011 que trata de 28 temas considerados transversais – a exemplo de povos indígenas, políticas para mulheres, idosos e jovens. No que se refere *à* igualdade racial e *às* comunidades quilombolas, o documento aponta 18 programas temáticos, 41 objetivos e 84 metas.
> A SEPPIR *é* responsável direta pelo programa temático Enfrentamento ao Racismo e Promoção da Igualdade Racial; [...] das 84 metas voltadas *à* igualdade racial e *às* comunidades quilombolas 25 estão alocadas no programa Enfrentamento ao Racismo e Promoção da Igualdade Racial e a maioria das metas *é* parte de programas das pastas sociais e 28% referem-se de forma específica *às* comunidades quilombolas e tradicionais.[84]

---

[84] BRASIL, SEPPIR, *Subsídios para o debate*, 2013.

Lamentavelmente, Luiza não pôde comandar a execução completa deste PPA. Sua presença como Ministra termina em 2014, ao final do 1º mandato de Dilma Rousseff, quando foi substituída pela professora Nilma Lino, da Universidade Federal de Minas Gerais, com grande envolvimento na construção de políticas de promoção da igualdade racial, principalmente na área educacional, com passagem, inclusive, pelo Conselho Nacional de Educação.

Ficou um grande legado que, lamentavelmente, foi sendo desidratado com a reforma administrativa iniciada no segundo mandato da Presidenta Dilma e intensificada com a crise política institucional que culminou com o *impeachment* (golpe parlamentar) da Presidenta. Essa desidratação é expressa no deslocamento promovido pelo Presidente Interino Temer, da SEPPIR de Ministério em Subsecretaria do Ministério da Justiça, passando posteriormente a fazer parte do Ministério das Mulheres, da Igualdade Racial e dos Direitos Humanos, como Secretaria Especial de Política de Promoção da Igualdade Racial.

Ou seja, estes deslocamentos na estrutura administrativa representaram a perda crescente de autonomia e revelaram o descompromisso das gestões pós-2016 com a pauta de Enfrentamento ao Racismo e Promoção da Igualdade Racial, que foi construída desde 2003. Perda que lamentavelmente, continua a ocorrer em 2021.

Fechando uma história de vida em espiral

No processo de organização dessas contribuições de Luiza Bairros ao combate ao racismo e à promoção da igualdade racial, tive sempre uma grande preocupação: a de ser, tanto quanto possível, fiel ao que seria o seu olhar sobre as questões que elenquei. Não apenas a partir dos seus escritos e do que escreveram sobre ela, não apenas após sua passagem para o Orun. Mas, principalmente, sobre o que dela escutei nos 36 anos em que partilhamos experiências político-profissionais, muitas vezes de forma lúdica, em papos com ou sem amigos e amigas comuns. Das quais não ficaram registros.

Daí o cuidado em não ultrapassar qualquer fronteira que colocasse a confiança pessoal em dúvida. Por isso, a escolha do que dizer como finalização deste texto foi delicadamente feita, pois queria alguma coisa que tivesse a ver com a sua inteireza pessoal e política. Achei a citação abaixo quase por acaso, e acho que expressa seu pensamento e, assim, ela assinaria embaixo.[85]

> Aos "civilizados", que dizem ser a classe a principal causa da condição do negro, respondemos com a palavra da pesquisadora afro-americana Iva Carruthers:
> "A classe *é* um fator de importância; o racismo *é* o fator da causa. Se confundirmos as consequências do racismo com o classismo e os interesses e sucesso dos indivíduos com o grupo, chegaremos em

---

[85] CARRUTHERS, Iva *apud* OJO-ADE, Femi, O Brasil, Paraiso ou Inferno para o Negro?, 1999.

escuridão racial-étnica. Se escolhemos o caminho do racial-étnico num tempo em que outros povos do mundo inteiro estão defendendo sua identidade racial-étnica, optaremos pela autodestruição."

Era 17 de dezembro de 2020 e, após ter dado como construídas as considerações postas acima, estava dando por concluída a tarefa a que me propusera, restando apenas pequenos e naturais retoques e complementações ao texto.

Eis que recebo via WhatsApp uma postagem de Luiz Alberto dando conta da exclusão de Luiza Bairros da lista de Personalidades Negras, comenda instituída pela Fundação Cultural Palmares para homenagear pessoas negras em reconhecimento ao seu protagonismo no combate ao racismo e na promoção da igualdade racial.

Estupefata, quase atônita, consulto o site da Fundação e identifico que, antes da exclusão de Luiza e de Maria Aragão, médica gaúcha – também objeto deste último ato –, a Fundação já havia adotado a mesma postura em relação a Ádria Santos, Alaíde Costa, Benedita da Silva, Conceição Evaristo, Elza Soares, Emanuel Araújo, Gilberto Gil, Givânia Maria da Silva, Janete Rocha Pietá, Janeth dos Santos Arcain, Joaquin Carvalho Cruz, Jurema da Silva, Léa Lucas Garcia de Aguiar, Leci Brandão, Marina Silva, Martinho da Vila, Milton Nascimento, Paulo Paim, Petronilha Beatriz Gonçalves e Silva, Sandra de Sá, Servílio de Oliveira, Sueli Carneiro, Terezinha Guilhermina, Vanderlei Cordeiro de Lima, Vovô do Ilê e Zezé Mota.

Na fala em que o Presidente da FCP anuncia a medida, a justifica por *não estarem em conformidade com o critério de importância da contribuição histórica. Mera militância não basta. É preciso mérito e relevância.*

Então, concluo dizendo que só alguém com visão informada pelo racismo é capaz de não reconhecer a contribuição dessas pessoas para uma sociedade brasileira fraterna, igualitária e democrática, que só o será quando o combate ao racismo for a pedra de toque da sua estruturação social.

Cronologia: ela e seu contexto

1953 – Nasce em Porto Alegre, no Rio Grande do Sul.
1974 – Participa, em Salvador, do I Encontro Nacional de Estudantes de Administração (ENEAD).
1975 – Diploma-se em Administração Pública e de Empresa pela Universidade Federal do Rio Grande do Sul.
1979 – Participa, em Fortaleza, da 31ª Reunião Anual da Sociedade Brasileira de Para o Progresso da Ciência (SBPC).
1979 – Conclui Especialização em Planejamento Regional pela Universidade Federal do Ceará.
1979 – Ingressa no Mestrado de Ciências Sociais da Universidade Federal da Bahia (UFBA).
1979 – Ingressa no Movimento Negro Unificado e conhece Lélia Gonzalez.
1989 – Torna-se Analista da Coordenação de Informações do Sistema Nacional de Emprego (SINE), produzindo artigos para a *Revista Força de Trabalho e Emprego.*
1989 a 1994 – Coordena a Equipe de Campo da Pesquisa de Emprego e Desemprego da Região Metropolitana de Salvador (PED/RMS).
1990 – Torna-se Pesquisadora-Associada ao Centro de Recursos Humanos da UFBA.
1985 a 1994 – Participa de Encontros da Associação Brasileira de Estudos Populacionais (Abep) e da Associação Nacional de Pós-Graduação e Pesquisa em Ciências Sociais (Anpocs)
1994 – Desliga-se do MNU.

1994 – Inicia o Doutorado na Universidade Estadual de Michigan, em East Lansing, nos Estados Unidos. Brasileira de Estudos.
1995 – Vem ao Brasil para a Marcha Zumbi dos Palmares contra o Racismo, pela Cidadania e a Vida.
1998 – Retorna dos Estados Unidos.
1998 – Volta a integrar-se como Pesquisadora Associada Centro de Recursos Humanos da Faculdade de Filosofia da UFBA (CRH).
2001 – Participa em Sacramento, Califórnia de Seminário com pesquisadores norte-americanos negros.
2000 – Coordena, em Salvador, o Projeto Raça e Democracia nas Américas.
2000 a 2001 – Participa, como consultora do PNUD, do processo de construção da agenda dos movimentos sociais para a III Conferência Mundial Contra o Racismo, a Discriminação Racial, a Xenofobia e Intolerâncias Correlatas.
2003 – Coordena, como Consultora pelo PNUD, proposta de substitutivo ao Projeto de Lei que instituía o Estatuto da Promoção da Igualdade, para a Câmara de Deputados.
2002 a 2005 – Coordena o Programa de Combate ao Racismo Institucional (PCRI).
2004 – Morre Ruth Simms Hamilton, sua orientadora.
2008 a 2011 – Torna-se Secretária de Promoção da Igualdade do Governo da Bahia.
2010 – Torna-se Ministra da SEPPIR.
2014 – É exonerada da SEPPIR.
2016 – Falece na cidade de Porto Alegre, em 12 de julho.

Posfácio

Sueli Carneiro

Esta publicação presta tributo àquela que foi uma das principais referências do Movimento de Mulheres Negras do Brasil.

Intelectual vigorosa, ativista aguerrida no combate ao racismo e ao sexismo, Luiza Bairros tem inspirado militantes, pesquisadores e gestores públicos, com sua reflexão e ação política pela promoção da igualdade racial e de gênero no nosso país.

Ela foi uma das mais notáveis lideranças do Movimento Negro Unificado (MNU), contribuindo, decisivamente, para pautar a questão racial em nível nacional, numa época em que discutir o racismo no Brasil era um tabu ancorado no mito da democracia racial, e uma questão de segurança nacional, para o regime militar.

Portanto, dada essa trajetória, faz-se necessário enfatizar o contexto em que Luiza Bairros está ausente fisicamente e o quanto temos a lamentar por isso. Porque a questão racial mudou de patamar no Brasil e no mundo, impulsionada por ideologias supremacistas em expansão em toda parte. Um contexto que clama por mentes potentes, capazes de antever processos, identificar tendências, com sua reflexão crítica aguda e retórica vigorosa que estariam reverberando na esfera pública, nesse momento, com toda competência que lhe era peculiar. Estaria nos ajudando a pensar devires, que estão subjacentes a esses fenômenos deletérios que nos acossam, buscando incansavelmente por novas formas de resistência a que esse presente nos desafia.

Antevendo fenômenos futuros, já em 1991, em entrevista ao *Jornal do MNU*, ela já tinha a seguinte avaliação: *Não existe a menor possibilidade de se fazer luta antirracista em qualquer canto do mundo sem pensar que o racismo é motor da exploração, mesmo nas sociedades capitalistas avançadas*; segundo Luiza, *A própria situação que o povo negro nos EUA se encontra hoje é um indicador disso*. Reflexão derivada de sua observação potente da sociedade norte-americana nos anos em que lá permaneceu estudando, cuja evidência se manifestou cabalmente nos eventos raciais que tencionaram a sociedade norte-americana recentemente e reverberaram mundo afora.

Em tempos no qual o conceito de racismo estrutural tornou-se chave da compreensão das contradições sociais que o país produz e reproduz permanentemente, nos idos de 1995, por ocasião da Marcha Zumbi dos Palmares pela Vida, Luiza apontava o significado do projeto político que impulsiona a militância negra no Brasil. Disse ela, em uma de suas mensagens essenciais: *Estamos apostando na possibilidade de disputar não mais um espaço dentro de outros projetos para as nossas questões, que são tidas como menores. Mas nós estamos apostando na possibilidade de que, através de nossas questões, nós consigamos efetivamente tocar e tocar, muito fundo, nas questões que dizem respeito à sociedade como um todo.*

Ministra da Secretaria de Políticas de Promoção da Igualdade Racial (SEPPIR), Luiza Bairros elaborou a mais completa ferramenta de política pública de promoção da igualdade racial de que dispõe o Estado brasileiro para enfrentar as brutais desigualdades raciais do Brasil, o Sistema Nacional de Promoção da Igualdade Racial (SINAPIR).

Com o SINAPIR, a promoção da igualdade racial se institui como uma política de Estado em todas as esferas, de caráter transversal, a ser executada por diversos órgãos da administração pública: saúde, educação, trabalho, cultura, assistência social, desenvolvimento agrário, justiça, entre outros; um sistema que permite e demanda que o órgão de promoção da igualdade racial atue conjuntamente com os demais, no sentido de implementar e acompanhar as políticas públicas que atenderão, de forma cidadã, a população negra.

A despeito do desmanche das políticas públicas, em especial daquelas de promoção da igualdade racial que assistimos nesse momento trágico da conjuntura nacional, o SINAPIR permanece como uma plataforma de que dispõe o Estado brasileiro para efetivar a democracia racial. O SINAPIR é o maior legado de Luiza Bairros para as políticas públicas. E nosso compromisso deve ser o de resgatar a ambiência democrática indispensável para a sua implementação.

Vale ressaltar, por fim, que Luiza era sempre o primeiro nome, que nos ocorria, para assumir qualquer posição relevante na esfera pública, pela sua excelência técnica, por seu compromisso político, pela sua coerência e resiliência; sabíamos que onde quer ela estivesse emprestaria absoluta dignidade e competência à representação negra.

Sinto falta do conforto que ela me oferecia, que vinha de saber que estava lá, sempre possível, sempre acessível, para dividir aflições da luta, para ajudar a interpretar os infindáveis paradoxos que nos interpelam.

Sinto falta do conforto que era sabê-la tão perto, ao alcance de uma ligação, de um e-mail, coisa que, paradoxalmente, raramente fazíamos; nos bastava a certeza de nos ter uma à outra, em prontidão, se necessário fosse. Talvez por isso eu tenha sido honrada com a permissão para estar ao seu lado nos momentos finais.

Luiza Bairros encarna a extraordinária resistência e capacidade de luta das mulheres negras brasileiras, contra as múltiplas adversidades que lhe acarretam a condição de mulher e negra e honrou, com sua emblemática presença, mulheres negras do passado e do presente. Luiza Bairros, a bem lembrada, Presente! Sempre!

Obras consultadas

ALVAREZ, Sonia E. Feminismos e Antirracismo: entraves e intersecções. Entrevista com Luiza Bairros, ministra da Secretaria de Política de Promoção da Igualdade Racial. *Revista Estudos Feministas*, Florianópolis, v. 20, n. 2, p. 833-850, dez. 2012.

BAIRROS, Luiza. Reflexão sobre o Trabalho do Menor. *Revista Força de Trabalho e Emprego*, Salvador, v. 1, n. 7, p. 3-6, maio-ago. 1986.

BAIRROS, Luiza. Pecados no "Paraiso Tropical": o negro na força de trabalho da Bahia, 1950-1980. *In*: REIS, J. J. *Escravidão & Invenção da Liberdade*. Editora Brasiliense, 1988.

BAIRROS, Luiza. Crianças e Adolescentes no mercado de trabalho. *Revista Força de Trabalho e Emprego*, Salvador, n. 3, 1992.

BAIRROS, Luiza. Desemprego: o negro é o primeiro que sobra. *Revista Força de Trabalho e Emprego*, Salvador, v. 10, n. 1, p. 55-60, jan.-abr. 1993.

BAIRROS, Luiza. Nossos feminismos revisitados. *Revista Estudos Feministas*, Florianópolis, Dossiê, p. 458-463, 1995.

BAIRROS, Luiza. Orfeu e Poder: uma perspectiva afro-americana sobre a política racial no Brasil. *Revista Afro-Ásia*, Centro de Estudos Afro-Orientais da UFBA, Salvador, n. 17, p. 185, 1996.

BAIRROS, Luiza. Lembrando Lélia Gonzalez 1935–1994. *Revista Afro-Ásia*, Centro de Estudos Afro-Orientais da UFBA, Salvador, n. 23, p. 347-368, 2000.

BAIRROS, Luiza. III Conferência Mundial contra o Racismo. *Revista Estudos Feministas*, Florianópolis, Dossiê, v. 10, n. 1, p. 169-170, jan. 2002.

BAIRROS, Luiza. Introdução. Dossiê: Raça e Democracia nas Américas. *Cadernos CRH*, Salvador, n. 36, p. 13-18, jan./jul. 2002.

BAIRROS, Luiza. Apresentação. *In*: THEMIS – Assessoria Jurídica e Estudos de Gênero. *Caminhos para a Igualdade nas Relações Raciais*. Porto Alegre: Fundação Ford; Banco Interamericano de Desenvolvimento (BID); Ministério da Justiça/Secretaria de Estado de Direitos Humanos, 2002. p. 5-6.

BAIRROS, Luiza. Relatório da 3ª Sessão do I Encontro Brasileiro de Publicações Feministas. *Revista Estudos Feministas*, Florianópolis, v. 11, n. 1, p. 302-304, 2003.

BAIRROS, Luiza. Indicadores Sociais e Políticas Públicas. *In*: GARCIA, Januário (Org.). *25 anos 1980-2005*: Movimento Negro no Brasil. Brasília: Fundação Cultural Palmares, 2006. p 138-139.

BAIRROS, Luiza. Uma Nova configuração da Política Racial. *Ìrohìn*. Ago.-set. 2006.

BAIRROS, Luiza. Política *In*: MELLO, Gustavo (Org.). *II Fórum Nacional de Performance Negra*. Brasília: Cia dos Comuns; Teatro Vila Velha; Bando de Teatro Olodum, 2009.

BAIRROS, Luiza. O enfrentamento ao racismo foi inserido no planejamento Governamental. *In*: SANTOS, Katia Regina da Costa; SOUZA, Edileuza Penha de Souza. *SEPPIR*: promovendo a igualdade racial para um Brasil sem racismo. Brasília: SEPPIR, 2016. p. 1-126.

BAIRROS, Luiza. Entrevista dada a Fernanda Pompeu. [s.d.] Disponível em: https://bit.ly/3vX0H1G. Acesso em: 13 out. 2021.

BAIRROS, Luiza; MELLO, Gustavo (Orgs.). *I Fórum Nacional de Performance Negra*. Brasília: Cia dos Comuns; Teatro Vila Velha; Bando de Teatro Olodum, 2005.

BAIRROS, Luiza; SÁ BARRETO, Vanda; CASTRO, Nadya A. Vivendo em Sobressalto Composição Étnica e Dinâmica Conjuntural do Mercado de Trabalho. *Revista Força de Trabalho e Emprego*, Salvador, n. 7, jan.-ago. 1990.

BORGES, Rosane da Silva. *Sueli Carneiro*. São Paulo: Edições Selo Negro, 2009. (Coleção Retratos do Brasil.)

BRASIL. Câmara dos deputados. Comissão Especial. *PL n.º 3.198*, de 7 de junho de 2000. Brasília: Câmara dos deputados, 2001.

BRASIL. Secretaria de Políticas de Promoção da Igualdade Racial. Proposta de Inclusão a partir do apoio de empresas estatais e privadas à Cultura e às Artes. Brasília: SEPPIR, 2011.

BRASIL. Secretaria de Políticas de Promoção da Igualdade Racial. Subsídios para o Debate. *In*: SEPPIR. *III Conferência Nacional de Promoção da Igualdade Racial*. Brasília: SEPPIR, 2013.

COMISSÃO EXECUTIVA NACIONAL. *Marcha Zumbi dos Palmares contra o Racismo, pela Cidadania e a Vida*. Brasília: Cultura Gráfica e Editora Ltda., 1996.

FREITAS, Felipe; PINTO, Ana Flávia M. Luiza Bairros, uma "bem lembrada" entre nós: 1953-2016. *Revista Afro-Ásia*, Centro de Estudos Afro-Orientais da UFBA, Salvador, n. 55, p. 215-276, 2017.

IBASE – Instituto Brasileiro de Análises Sociais e Econômicas. Levantamento das crianças de rua: Salvador/BA. Rio de Janeiro: IBASE, 1990.

INSTITUTO AMMA PSIQUE; DFID; PNUD. Articulação para o Combate ao Racismo Institucional. Identificação e Abordagem do Racismo Institucional. São Paulo. S/D.

INSTITUTO BÚZIOS. *Políticas Públicas de Inclusão e Promoção da Igualdade Racial para o Povo Negro da Cidade do Salvador*. Salvador: Instituto Búzios, 2004.

MELLO, Gustavo (Org.). *II Fórum Nacional de Performance Negra*. Brasília: Cia dos Comuns; Teatro Vila Velha; Bando de Teatro Olodum, 2006.

MELLO, Gustavo (Org.). *III Fórum Nacional de Performance Negra*. Brasília: Cia dos Comuns; Teatro Vila Velha; Bando de Teatro Olodum, 2009.

OJO-ADE, Femi. O Brasil, paraíso ou inferno para o negro? Subsídios para uma Nova Negritude. *In*: BACELAR, Jeferson; CAROSO, Carlos (Orgs.). *Brasil*: um país de negros? 2. ed. Rio de Janeiro: Pallas, CEAO, 1999.

SILVA, Joselina; PEREIRA, Amauri Mendes. *Olhares*: sobre a mobilização brasileira para a III Conferência Mundial Contra o Racismo, a Discriminação Racial, a Xenofobia e Intolerâncias Correlatas. Brasília, DF: Fundação Cultural Palmares-MinC; Belo Horizonte: Nandyala, 2013.

Luiza Bairros na Reunião Preparatória para o Encontro Iberamericano do Ano Intenacional dos Afrodescendentes. Salvador, 2011.
Foto: Alberto Coutinho/GOVBA.

◀ INSIDE THE ADRP AT MSU ▶

Joining the ADRP this fall is **Silvani Valentim**, currently an M.A. student at MSU in the School of Education's Department of Teacher Education. A native of Baixada Fluminense, in Rio de Janeiro, Brazil, where she was involved in black popular struggles against social inequalities, Ms. Valentim has developed projects in the field of race and popular education in Belo Horizonte, Brazil, and has been an active member of the Centro da Mulher-Movimento do Graal no Brasil (Women's Center-Movement of the Grail of Brazil). She holds a B.A. in pedagogy from the Federal University of Minas Gerais, where she was a Teachers' Training Special Program (PET) grantee and developed studies in history and the sociology of education. Ms. Valentim has presented papers on slave children in colonial Brazil and on abolitionist and republican discourses about public education. As a result of her research and involvement with the black community she has published articles on race, gender, and education in Brazil, and she is a

Luiza Bairros

Silvani Valentim

founder of the Grupo Interdisciplinar de Estudos Afro-Brasileiros (Group for Interdisciplinary Studies of Afro-Brazilians).

The ADRP also welcomes **Luiza Bairros**, from Salvador, Bahia, Brazil, who has joined the Ph.D. program in sociology at Michigan State. She holds an M.A. in sociology from the Federal University of Bahia (UFBA), and her thesis focused on the influence of social and economic changes on the black work force in Bahia from 1950 to 1980. Ms. Bairros has worked in the Secretaria do Trabalho e Ação Social (State Department of Social Action and Labor), organizing and managing support programs for micro units of production and self-employed workers, and more recently she coordinated the monthly journal, *Pesquisa de Emprego e Desemprego* (Research on Employment and Unemployment), for the metropolitan area of Salvador. She has published articles on race, sex, and age inequalities in the labor market and has lectured on these and other issues related to the political tasks of black organizations in Brazil. Her intense participation in the struggle against racism led her to the Movimento Negro Unificado/MNU (Unified Black Movement), for which she was a national coordinator, and along with many other activists she has contributed to strengthening that independent political organization.

Both Ms. Valentim and Ms. Bairros come to MSU and the ADRP as grantees of the Ford Foundation's **Latin American Scholarship Program of American Universities (LASPAU)** in Afro-Brazilian studies. The program provides training at the doctoral level for graduate students and faculty at Brazilian universities in order to improve the quality of scholarship and teaching in the social sciences. LASPAU is expected to create opportunities for women and black scholars and to stimulate research on contemporary Brazilian social issues.

We congratulate ADRP member **Getahun Benti** for receiving the 1993 Robert L. Green Scholarship,

Getahun Benti

named for the former dean of MSU's College of Urban Development, precursor to Urban Affairs Programs. The award is given in recognition of academic achievement and interest in the field of urban studies. Mr. Benti's research with the ADRP focuses on the Beta Israel (Falasha) and their recent emigration from Ethiopia to Israel. Mr. Benti, who is enrolled in the joint program in history and urban studies, also is researching the emergence and growth of urban centers in Ethiopia.

John Chege Githiora, who has been a visiting student with the ADRP, is now in Mexico on a Social Science Research Council fellowship. He informs us that he is hard at work sifting through journals, reports, and records of Spanish missionaries, merchants, and slave traders from the 16th through 19th centuries. Chege has done research on Afro-Mexicans of the Costa Chica region.

9

O informativo do Projeto de Pesquisa sobre a Diáspora Africana da Michigan State University dá as boas-vindas a Luiza Bairros, em 1993.

Angela Davis e Luiza Bairros em 1997, na I Jornada Cultural Lélia Gonzales. Foto: Autoria desconhecida.

Luiza Bairros na palestra de Ellen Johnson Sirleaf, presidente da Libéria, na II Conferência dos Intelectuais da África e da Diáspora. Salvador, 2006. Foto: Vaner Casaes/GOVBA.

Seminário com o IPEA para produção do relatório de indicadores de desigualdades raciais, 2009. Foto: Manu Dias/GOVBA.

Luiza Bairros na cerimônia de Reconhecimento dos Afoxés como Patrimônio Imaterial da Bahia. Salvador, 2010.
Foto: Elói Corrêa/GOVBA.

Luiza Bairros e Hilton Cobra no IX Seminário Internacional Imagem dos Povos: Diversidade e Mercado Audiovisual. Belo Horizonte, 2014. Foto: fotógrafo desconhecido.

Luiza Bairros, Durval Azevedo e o embaixador de Angola no Brasil, Nelson Cosme, no lançamento da novela angolana Windeck em Salvador, 2014. Foto: GOVBA.

Sueli Carneiro, Patricia Hill Collins, Luiza Bairros e Angela Davis no Fetival Latinidades, em Brasília, 2014. Foto: autoria desconhecida.

Luiza Bairros na cerimônia de entrega do Prêmio Lélia Gonzales. Brasília, 2014. Foto: Rita Cliff.

Conceição Evaristo, Sueli Carneiro e Luiza Bairros, 2015.
Foto: Acervo Pessoal Sueli Carneiro.

Luiza Bairros e o Grupo de Teatro Olodum no IV Forum Nacional de Performance Negra. Salvador, dezembro de 2015.
Foto: João Milet Meirelles.

Luiza Bairros na Marcha Nacional das Mulheres Negras, Brasilia 2015.
Foto: Rita Cliff.

Créditos

Vanda Sá Barreto, socióloga, pesquisadora da temática racial e especialista em políticas de promoção da igualdade racial, durante mais de 30 anos conviveu com Luiza Bairros, partilhando com ela diversos programas e projetos, com destaque para o Programa de Combate ao Racismo Institucional e o Estatuto da Igualdade Racial. Na esfera pública foi Superintendente de Promoção da Igualdade Racial da Secretaria de Promoção da Igualdade do Governo da Bahia, nas gestões de Luiz Alberto e de Luiza Bairros. Cofundadora do CEAFRO, programa de extensão do Centro de Estudos Afro-Orientais da Universidade Federal da Bahia (CEAO/UFBA), voltado para adolescentes negros baseado em uma proposta pedagógica que tinha o reforço da identidade negra, como elemento estruturante, aliando profissionalização e cidadania. Pesquisadora sobre Mercado de Trabalho, fez parte do Conselho Editorial da *Revista Força de Trabalho e Emprego* da Secretaria do Trabalho do Governo da Bahia e do Caderno CRH da Faculdade de Filosofia da UFBA, onde foi Pesquisadora Associada.

Felipe da Silva Freitas começou a militar no movimento negro durante a graduação em Direito (2005–2010), quando foi membro do Núcleo de Estudantes Negros e Negras da Universidade Estadual de Feira de Santana (NENNUEFS). Em 2009 foi eleito presidente do Conselho de Juventude do Estado da Bahia e, em seguida, trabalhou na Secretaria de Relações Institucionais da Bahia (SERIN) e na Secretaria de Promoção da Igualdade do Governo da Bahia

(SEPROMI), onde ocupou a função de Assessor de Políticas de Juventude (2011 e 2012). Em dezembro de 2012 foi para Brasília, a convite da ministra Luiza Bairros, quando coordenou o Plano de Prevenção à Violência contra Juventude Negra (Plano Juventude Viva) na SEPPIR. Felipe é doutor e Mestre em Direito pela Universidade de Brasília e atualmente é professor colaborador do Mestrado Profissional em Segurança Pública da UFBA.

Helena Oliveira é socióloga, nascida no Rio de Janeiro/Brasil, pós-graduada em Segurança Pública e Justiça Criminal e em Gestão e Desenvolvimento Urbano. Especialista em direitos da criança e do adolescente, com 17 anos de experiência no Fundo das Nações Unidas para a Infância (UNICEF), como Child Protection Specialist (Gestora de Programas em Proteção à Criança). Em janeiro de 2013, assumiu a Chefia do Escritório do UNICEF em Salvador, conduzindo a cooperação nos Estados da Bahia, Sergipe e Minas Gerais. Antes disso, coordenou, em Brasília, as Agendas Nacionais de UNICEF no Brasil de Raça e Etnia e de Prevenção à violência contra a criança e o adolescente. No Rio de Janeiro, foi coordenadora do Núcleo de Direitos Humanos do Instituto Brasileiro de Administração Municipal (IBAM) e do Programa de treinamento em direitos humanos para policiais militares, implementado pela Organização Viva Rio. Em sua carreira, articulou ações estratégicas com parceiros dos diversos setores voltadas a prevenção à violência contra crianças e a redução de iniquidades raciais. Desenvolveu, pela cooperação técnica com a ONG Observatório de Favelas e o Laboratório de Violência da UERJ, o Índice do Homicídio na Adolescência (IHA), determinando a introdução do tema dos homicídios de adolescentes na política nacional brasileira, dentro do diálogo com a Secretaria de Direitos Humanos da Presidência da República (SDH), 2004. Concebeu a campanha do UNICEF Por uma *Infância sem Racismo*, com repercussão em todo o país. Articulou com o Ministério do Desenvolvimento Social e Combate à Fome (MDS) a Chamada Nutricional Quilombola 2006, primeiro estudo sobre as condições de vida e a situação nutricional das crianças de 0 a 6 anos de comunidades tradicionais no país.

Hilton Cobra é ator e fundador da Cia dos Comuns. Atuou em espetáculos dirigidos por Nehle Franke, Márcio Meirelles, Ulisses Cruz, Werner Herzog e Luiz Marfuz. Na televisão participou de: *Chico Anysio, O Sorriso do Lagarto, Perigosas Peruas, Os Trapalhões, O Poder da Arte da Palavra, O Rei do Gado, Vila Madalena, Zorra Total* e *O Compadre de Ogum*. No teatro e no cinema recebeu prêmios e indicações, a exemplo do Prêmio de melhor ator no Festival Nacional de Cinema de Brasília/2008, por sua atuação em *Cães*, e melhor ator no 9º Prêmio Olhares da Cena-2018/Porto Alegre e 10 melhores atores do ano, pelo Blog do Arcanjo (2018, São Paulo) por sua atuação no monólogo *Traga-me a cabeça de Lima Barreto!* Ainda como ator participou do clipe "Bluesman", do rapper Baco Exu do Blues, que venceu o grande prêmio da categoria Entertainment for Music do Festival Cannes Lions, principal láurea de um dos mais importantes eventos do mercado publicitário mundial, e da série *Fim de comédia*, dirigida por **Jessica Queiroz.** Na Comuns produziu os espetáculos: *A roda do mundo, Bakulo, Os Bem-Lembrados, Candaces, A Reconstrução do Fogo,* e, além disso, dirigiu *Silêncio*. Idealizou e realizou a mostra Olanadé A cena negra brasileira e o Fórum Nacional de Performance Negra. Como gestor público foi diretor do Centro Cultural José Bonifácio e Presidente da Fundação Cultural Palmares/MinC. Atualmente está em cartaz com o monólogo teatral *Traga-me a cabeça de Lima Barreto!*.

Luiz Alberto Silva dos Santos é militante e cofundador do Movimento Negro Unificado, dirigente do Sindicato dos Petroleiros da Bahia (STIEP), criador e coordenador da Frente Parlamentar em Defesa da Petrobrás. É também primeiro Secretário da Secretaria de Promoção da Igualdade do Governo da Bahia (SEPROMI) e membro honorário do Parlamento Africano. Participou da III Conferência Mundial Contra o Racismo, a Discriminação Racial, a Xenofobia e Intolerâncias Correlatas em Durban – África do Sul e representou o Partido dos Trabalhadores no 50º Congresso Nacional Africano (ANC) na cidade de Mafikeng (África do Sul). Deputado Federal pelo Partido dos Trabalhadores da Bahia, relator em plenário da

Câmara dos Deputados do Projeto de Lei do Executivo que criou a Universidade Federal do Recôncavo da Bahia (UFRB). Ingressou na Universidade Federal da Bahia no Curso de Ciências Sociais, sendo jubilado; em 2016 retornou ao mesmo curso, e atualmente é estudante de Ciências Sociais.

Maria Nazaré Mota de Lima, professora aposentada da UNEB, doutora em letras e linguística, pesquisadora da temática raça-gênero e seus impactos no campo das linguagens e da educação, conviveu com Luiza Bairros desde que ela chegou na Bahia, como amiga e comadre, partilhando sempre ideias, reflexões e também alguns trabalhos, sobretudo através do CEAFRO – Educação para a Igualdade Racial e de Gênero, programa de extensão do CEAO/UFBA, onde atuou como coordenadora pedagógica e/ou de programas/projetos, ao longo dos últimos 20 anos. No CEAFRO, hoje ICEAFRO, coordenou ações antirracismo na educação para implementação da Lei n.º 10.639/03. Com apoio da Fundação Ford, UNICEF e Prefeitura Municipal de Salvador, por exemplo, coordenou o *Projeto Escola Plural: a diversidade está na sala*, o qual incluía formação de professores/as e de especialistas em raça/gênero; confecção de material didático; elaboração de diretrizes curriculares para orientar a inclusão da história e cultura afro-brasileira e africana no currículo das escolas municipais de Salvador, entre muitas outras experiências, inclusive em parceria com a Ação Educativa, CEERT, SECADI/MEC, com o mesmo intuito de implementação da citada Lei.

Sílvio Humberto dos Passos Cunha possui doutorado em Economia pela Universidade Estadual de Campinas (UNICAMP, 2004) e mestrado em Economia pela Universidade Federal da Bahia (UFBA). É professor adjunto da Universidade Estadual de Feira de Santana (UEFS) desde 1993, um dos fundadores e atual Presidente de Honra do Instituto Cultural Steve Biko, e vice-coordenador do LECADIA/DCHF/UEFS (Laboratório de Estudos Conexões Atlânticas: Diáspora Africana e Cultura Afro-Brasileira e Indígena), membro do programa Raça e Democracia nas Américas. Foi relator das diretrizes estaduais da educação quilombola do Estado da Bahia. Exerce o cargo de conselheiro do Fundo Baobá para Equidade Racial. Eleito Vereador da cidade de Salvador, em 2012, 2016 e 2020. Ocupou os cargos de Presidente da comissão municipal de Educação, cultura, esporte e lazer (2013-2016), líder do bloco da oposição (2016), líder do parlamentar independente (2019-2020), relator do Estatuto da Igualdade Racial e combate à intolerância religiosa de Salvador; Presidente da Comissão de Cultura (2018-2020; 2021...). Atualmente, é presidente municipal do PSB (partido socialista Brasileiro), conselheiro da Fundação João Mangabeira. Tem experiência nas áreas de Economia, Desenvolvimento Econômico, Políticas Públicas, Ações afirmativas, relações raciais, relações Internacionais com foco nas relações Brasil-África.

Sueli Carneiro é filósofa, doutora em Educação pela Universidade de São Paulo, coordenadora executiva do Geledés Instituto da Mulher Negra e editora do Portal Geledés; *fellow* da Ashoka Empreendedores Sociais desde 1992. É membro do Conselho Curador da Fundação Tide Setubal, do Conselho Deliberativo do Fundo Baobá para a Equidade Racial, do Conselho Deliberativo da Conectas Direitos Humanos, da Anistia Internacional Brasil e do Conselho Administrativo do Instituto Ibirapitanga. É ativista feminista e antirracista e autora de diversos artigos sobre as questões de gênero, raça e direitos humanos, em publicações nacionais e internacionais. Sua publicação mais recente é *Escritos de uma vida* (Letramento, 2018).

Vilma Reis, socióloga, professora, feminista, filha do Terreiro do Cobre, defensora de Direitos Humanos, ativista do Movimento de Mulheres Negras, abolicionista penal, cofundadora da Coletiva Mahin – Organização de Mulheres Negras. Mestra em Ciências Sociais e doutoranda em Estudos *Étnicos* e Africanos no PÓSAFRO CEAO-FFCH-UFBA. Entre 2015 e 2019 foi ouvidora geral externa da Defensoria Pública da Bahia e entre 2018 e 2019 presidiu o Conselho Nacional de Ouvidorias Externas das Defensorias Públicas no Brasil. Uma política negra do Brasil.

Este livro foi composto com tipografia Minion Pro e impresso
em papel Off-White 90 g/m² na gráfica Rede.